职业院校"品德技能合一"教育系列学材

人际沟通与礼仪

广东省轻工业高级技工学校　组编

何铁山　邓健儿　主编

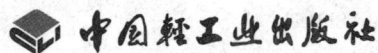

图书在版编目（CIP）数据

人际沟通与礼仪/何铁山，邓健儿主编；广东省轻工业高级技工学校组编. —北京：中国轻工业出版社，2025.2

职业院校"品德技能合一"教育系列学材

ISBN 978－7－5019－9449－6

Ⅰ.①人… Ⅱ.①何… ②邓… ③广… Ⅲ.①人际关系学—中等专业学校—教材 ②心理交往—礼仪—中等专业学校—教材 Ⅳ.①C912.1

中国版本图书馆 CIP 数据核字（2013）第 209718 号

责任编辑：王　淳
文字编辑：宋　博　　责任终审：劳国强　　封面设计：锋尚设计
版式设计：宋振全　　责任校对：燕　杰　　责任监印：张　可

出版发行：中国轻工业出版社（北京鲁谷东街5号，邮编：100040）
印　　刷：北京君升印刷有限公司
经　　销：各地新华书店
版　　次：2025年2月第1版第10次印刷
开　　本：710×1000　1/16　印张：12
字　　数：226千字
书　　号：ISBN 978－7－5019－9449－6　定价：36.00元
邮购电话：010－85119873
发行电话：010－85119832　010－85119912
网　　址：http://www.chlip.com.cn
Email：club@chlip.com.cn

版权所有　侵权必究

如发现图书残缺请与我社邮购联系调换

KG1489-140004

广东省轻工业高级技工学校教材编委会

主　任：黄克明
副主任：陈公凡
委　员：唐　伟　　罗小苑　　李光中　　刘依星　　赵里宏　　洪燕琼
　　　　谭国平　　谭志丽　　李小凯　　高　峰　　江鉴津　　廖松林
　　　　李　功　　曹卫国　　谢金红　　陈日月

序 言
FOREWORD

孔子曰："礼者，敬人也。"其本意是强调在人际交往中人人皆不可失去敬人之意。荀子也说："礼者，养也。"强调的是礼仪是每个人皆需具备为人处世的基本素养。

礼仪就是指人际交往中的沟通技巧，学习与运用礼仪讲究的是以尊重为本，善于表达并且要注意礼仪的规范性。研究表明，我们工作中70%的失误出自不正确的沟通；同时也表明，通过社交，人们可以沟通心灵，建立深厚友谊，取得支持与帮助；通过社交，人们可以互通信息，共享资源，对取得事业成功大有裨益。学会尊重自己、尊重他人，应对自如，塑造形象，凸现个人魅力，彰显现代文明人的品位！

我们倡导在互相尊敬和互相依赖的生活和工作中，形成对自己和他人的认识与理解、处理矛盾、有效交流和共同工作，这是今天职场中人人必备的"葵花宝典"。

为此，在职业教育教学改革创新的活动中，我们编撰了这本《人际沟通与礼仪》学材，其鲜明特色是：

（1）秉承以学习内容的通用性、应用性和实践性为宗旨，强调与现实生活、未来职场相吻合，贴近学生的发展和实际需要；

（2）立足于学生礼仪的养成以提升沟通能力，引用大量有趣的具体事例并设计了一系列师生亲身参与的项目，引领学习活动的开展；

（3）注重以学生为中心，精讲多练、"教、做、学一体"、"教与学"互动、"师与生"互动、"生与生"互动；

（4）图文并茂，增加直观性，力求使学生易学、易懂、易接受，有利于初学者引发学习兴趣，保持学习的持续性。

万事从礼仪与沟通开始，让我们一同进入《人际沟通与礼仪》的学习中吧！

谭国平
2013年5月于花城

目 录
CONTENTS

课题一　人际沟通概述 ··· 1

课题二　人际沟通的相关要素 ·· 21

课题三　非语言沟通 ··· 43

课题四　语言沟通 ·· 59

课题五　沟通的运用 ··· 79

课题六　生活礼仪 ·· 97

　　子课题一　个人礼仪 ·· 97

　　子课题二　交往礼仪 ·· 115

　　子课题三　聚会及餐饮礼仪 ·· 125

课题七　职业礼仪 ·· 135

　　子课题一　办公室中的行为举止礼仪 ··································· 135

子课题二　商务接待礼仪……………………………………… 147

子课题三　个人职业形象礼仪…………………………………… 169

课题一　人际沟通概述

良好的沟通能力是构成事业基础的一个要项。能简明、有效地交代自己的意思，又能清楚地了解别人的用意，就拥有最好的机会。

 **课前准备**

 **知识准备**

一、人际沟通的相关内涵

据成功学家的研究表明，一个正常人每天花 60%～80% 的时间在"说、听、读、写"等沟通活动上。现代社会是一个沟通的时代，沟通不再是谈判家的专利，而是每个人必备的能力。拥有良好的人际关系，不但是快乐生活的源泉，更是能否取得成功的关键。

人生的幸福就是人情的幸福，人生的美满就是人缘的美满，人生的成功就是人际沟通的成功。

如果沟通是在人与人之间进行的，我们就称之为人际沟通。人们与其他人进行沟通，总是带着一定的目的：或是为了分享信息，以协调大家的行动；或是为了宣传劝说，以影响和改变他人的态度；或是为了娱人耳目，以愉悦人的心智；或是为了宣泄情感，以求得到自己的精神安慰；或是为了日常寒暄，以保持与他人的正常关系……由此可见，人际沟通不仅仅是信息本身的传递交流，更重要的是沟通双方可以借助于信息在心理和行为上相互影响，使双方的思想、情感、态度、行为，以及相互关系等发生改变，这是人际沟通不同于其他沟通的一个突出特点。

因此，人际沟通是个人之间在共同活动中彼此交流思想、感情和知识等信息的过程。它是沟通的一种主要形式，主要是通过言语、副言语、表情、手势、体态以及社会距离等来实现的。

（一）人际沟通是信息的双向流动

人际沟通是一种历程（process），在一段时间之内，是有目的地进行一系列的行为。与你的亲人饭后闲聊，或和你的好友千里一线牵的电话聊天，甚至你使用网络在 chat room 里与网友们对谈，都是一种人际沟通的例子。而在每一个沟通的历程里，都会产生意义，此行为，都算是在实行人际沟通。

其重点在于它是一种有意义（meaning）的沟通历程。沟通的过程中，其内容表现出的是"什么"？其意图所传达的理由是"为何"？以及其重要性的价值对应出此沟通"有多重要"？

双方在沟通历程中表现的是一种互动,在沟通的过程当时以及沟通之后所产生的意义都要负有责任存在。在沟通之前,不能先预测沟通互动后的结果,例如小孩跟父母开口要钱,说:"我没有钱了,能不能给我一千元当零用钱?"此时还未造成互动,不能知晓结果为何,可能是 yes,也可能是 no,而且 yes 或 no 的结果又存在着许许多多的语气态度等差别。

(二) 人际沟通的分类

1. 按照沟通线路分类

(1) 单向沟通和双向沟通 单向沟通是指发送者与接收者的地位不变,发送者只发送信息,接收者只接收信息而不做出反馈;双向沟通指发送者与接收者地位不断转变,双方互为发出信息的人和接收者。

(2) 上行沟通、下行沟通和平行沟通。

2. 按照沟通方式分类

(1) 工具式沟通和情感式沟通。

(2) 正式沟通与非正式沟通。

(3) 口头沟通与书面沟通。

(4) 正式网络沟通与非正式网络沟通。

(三) 人际沟通的功能

1. 心理功能

(1) 为了满足社会需求和他人沟通 在心理学中认为人是一种社会的动物,人与他人相处就像需要食物、水、住所等同等重要。如果人与其他人失去了相处的机会与接触方式,大都会产生一些症状,如产生幻觉、丧失运动机能,且变得心理失调。但山居隐士们自愿地选择遗世独立,是一种例外。我们平常可与其他人闲聊琐事,即使是一些不重要的话,但我们却能因此满足了彼此互动的需求而感到愉快与满意。

(2) 为了加强肯定自我而和他人沟通 由于沟通,我们能够探索自我以及肯定自我。要如何得知自己有什么专长与特质,有时是借由沟通从别人口中告诉你的。与他人沟通后所得的互动结果,往往是自我肯定的来源,人都想被肯定，受重视，从互动结果中就能找寻到部分答案。

2. 社会功能

人际关系提供了社会功能，且借助社会功能我们可以发展与维持与他人间的关系。我们必须经由他人的沟通来了解他人。借助沟通的历程，关系得以发展、改变或者维系下去。因此在与某人做第一次交谈后，可能会决定和此人保持距离或者接近他抑或远离之。

3. 决策功能

人类除了是一种社会的动物之外，也是一个决策者。我们无时无刻不在做决策，不论是接下来是否要去看电视，明天要穿哪一套衣服，或者是否该给对方一个微笑，都是在做决策。但有时可能是靠自己就能决定的，有时候却得和别人商量后一起做决定。沟通满足了决策过程中两个功能，即沟通促进资讯交换与沟通有影响他人两种功能。正确和适时的资讯是做有效决策之钥，有时是经由自己的观察，有些是从阅读、有些是从传播媒体得来的资讯，但有时也是经由与他人沟通而获得的许多资讯。而今天我们也借助沟通来影响他人的决策，如和朋友去买衣服，他的询问与你的回答之间的互动就可能会影响到结果。

（四）人际沟通的特点

第一，在人际沟通中，沟通双方都有各自的动机、目的和立场，都设想和判定自己发出的信息会得到什么样的回答。因此，沟通的双方都处于积极主动的状态，在沟通过程中发生的不是简单的信息运动，而是信息的积极交流和理解。

第二，人际沟通借助言语和非言语两类符号，这两类符号往往被同时使用。二者可能一致，也可能矛盾。

第三，人际沟通是一种动态系统，沟通的双方都处于不断的相互作用中，刺激与反应互为因果，如乙的言语是对甲的言语的反应，同时也是对甲的刺激。

第四，在人际沟通中，沟通的双方应有统一的或近似的编码系统和译码系统。这不仅指双方应有相同的词汇和语法体系，而且要对语义有相同的理解。语义在很大程度上依赖于沟通情境和社会背景。沟通场合以及沟通者的社会、政治、宗教、职业和地位等的差异都会对语义的理解产生影响。

（五）人际沟通的原则

1. 目的性

人与人做沟通时，有其目的性存在。比如你在一个城镇中迷路了，想开口问路希望能够因此而获得帮助，不论你问的是什么对象，一名警察或是小孩，不论你的语气是和缓或着急，均有一个你所要设法求得的目的性存在，就是你想知道你身处何方，如何找到你要走的路。或者向人借东西，沟通中的许多文字也许是多余的，也许不好意思开口，而拐弯抹角地说，但其目的仍是要跟人借东西而做的沟通。所以沟通时具有目的性。

2. 象征性

沟通可能是语言性也可能是非语言性，如面部表情能够表现出你的非语言沟通，或者用文字沟通，如书信或文章文摘等，能够传达出其表征的含意，均有一种象征性的作用。比如吵架，有破口大骂的一种非理性沟通方式，也有冷战不说话，但彼此双方也能够明白对方所表示出的意思。

3. 关系性

意指在任何沟通中，人们不只是分享内容意义，也显示彼此间的关系。在互动的行为中涉及关系中的两个层面，一种是呈现于关系中的情感，另一种是人际沟通中的关系本质在于界定谁是主控者。而关系的控制层面有互补的也有对称的。在互补关系中，一人让另一人决定谁的权力较大，所以一人的沟通信息可能是支配性的，而另一人的信息则是在接受这个支配性。在对称关系中，人们不同意有谁能居于控制的地位，当一人表示要控制时，另一人将挑战他的控制权以确保自己的权力，或者是一人放弃权力而另一人也不承担责任。互补关系比对称关系较少发生公然的冲突，但是在对称关系中，权力较可能均等。

4. 学习而来

因为人际关系好像是自然的、与生俱来的能力，所以很少人注意沟通形态与技巧。有时把一些沟通上或态度上的错误都想成"这是天生的，无法改变的"，就不试着去改变自己的错误沟通态度。其实沟通是需要学习的，我们要试着去观察周围的人，谁的沟通技巧好，谁的态度顽固不堪，都是要我们去学习与警惕自己别犯同样的错误，所以我们必须学会人际沟通，而且要在不断的学习和练习中获益。

（六）把握沟通时机的3个原则

日本知名职场顾问、人力采用战略研究所董事长桑原晃弥认为，沟通的方式有很多种，称赞、斥责、道歉等都是。但是桑原强调，沟通只要错过"时机"，就毫无意义，有时候还会造成反效果。所以传达心意，重要的是不可弄错时机，他提出以下3个关键原则。

1. 称赞要在"当场传达"

当别人达成某种成果时，最好当场坦率地加以称赞。如果你想："现在很忙，以后再说吧。下次见到他的时候，再告诉他吧！"把称赞延后，你会被视为嫉妒他人的成功、没有自信的人。错过时机的恭喜，不只无法传达你的心意，甚至会被当作讽刺或社交辞令。

2. 道歉要在"事发当天"

比如说，你与上司出了问题，即使你认为"我没有错"，但是在下班回家的时候，只要一句道歉说"今天给你添麻烦了"，第二天你们的关系就会大为不同。如果你闹意气，把这件事情放着不管，你就错过和好的机会了。

3. 回应要比"期限还早"

比如说，客人有什么要求的时候，即使客人没说"请赶快"，也要快速回应，这是基本的原则。有些事情确实是要花时间去做的，但是迅速的回应，会提高客人对你的信赖。就算听到答录机信息，或是收到传真的时候，只要一句"我知道了，详细情况明天再谈"就可以了，要尽早给对方答复。

（七）沟通技巧提要

非语言技巧：是一种面部表情、音调和姿态的运用技巧。

语言技巧：使用文字以增加信息的清晰性。

自我表达技巧：帮助你使别人更了解你。

倾听和反应技巧：帮助你解释他人的含意并且分享所接受的含意。

影响技巧：帮助你说服别人改变他们的态度或行为。

营造气氛技巧：创造一种正向的气氛使沟通较易达成。

我们把人际关系定义为产生意义的互动过程。人际关系是互动的，因为是发生于两位参与者之间的原始信息和对信息的反应。沟通历程发生于不同的人之间信息的传递和接收（Feedback），此历程透过会被噪声干扰的知觉管道来进行。

人际沟通提供心理上、社会上和决策性的功能。心理上人们为了满足社会性需求和维持自我感觉而沟通；人们也为了发展和维持关系而沟通；在决策中，人们为了分享资讯和影响他人而沟通。

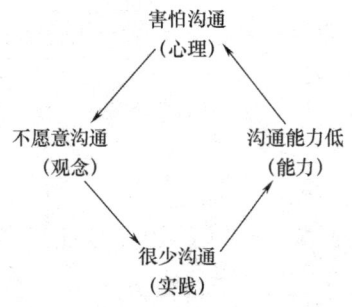

沟通缺陷的恶性循环示意图

有效的人际沟通视个人的沟通能力而定。因为沟通情况是复杂的、多元化的，最重要的是要具有弹性的沟通能力，因此需要有非常多的人际技巧可供使用。

技巧可以学习、发展和改进，你可以写下目标陈述以便有系统地增进你的技巧范畴。

沟通能力不是某些人所独有的，也不是可望而不可即的。只要勇于实践、积极沟通，其沟通能力就必然会提高。如果缺乏沟通实践，对沟通的惧怕、忧虑和不适应，会形成沟通缺陷的恶性循环。

沟通能力的提高没有捷径，只有遵循"敢于沟通，坚持沟通，善于沟通，走向成功"的理念,记住一分钟,理解一学期,实践一辈子。"听过,看过,做过,会理解得最好。"

二、自信与人际沟通

(一) 自信沟通从站姿开始

在服装发布会上,大多男士可能过多地关注女模特的身材。除了欣赏模特的身材和服装之外,模特走步时的姿态同样值得我们去学习。标准的身材,柔和的眼神,自信的微笑,让观众为之倾倒!

假设你在人际交往中,也同样拥有这么自信的姿态,相信肯定会给你增加很多魅力!其实我们在生活中只要稍加留意和改进,就能让对方感觉我们自信许多!

(1) 抬头

喜欢低头走路的人据说是善于思考的人,但同样也蕴含着其他的含意:自卑、内向、木讷、害羞、低沉……你不希望上述词语跟你沾上边?那就首先抬起你的头——角度别太夸张了,仰天的姿势并不美观!

(2) 挺胸

弯腰让人联想起很多负面的东西:佝偻、驼背、病态、无力……一想起这些,你能不赶紧挺起你的胸膛?

(3) 松肩

习惯弯腰的人有个最大的特点就是双肩收缩。挺起胸膛后如果双肩没有打开,注意平衡,将变得更为难看。在马戏团看空中飞人的经历,表演者手中拿着一根长棍从钢索上走过,如果双肩没有做好平衡,将时刻有从钢索上掉下来的危险!当然,这是长期训练的结果。

(4) 微笑

除了要掌控笑容的时间之外,嘴角的角度也同样需要重视,嘴角只要微微上翘即可。曾经有一位朋友时刻保持着一种嘴角幅度很大的微笑,就让人感觉比较夸张，反而让人感觉比较假。

(5) 眼神

柔和的眼神会让人觉得你比较有亲和力，同时也要注意与对方眼神对接的角度。仰视，让人感觉你不够底气，从而怀疑你的内涵；俯视，又会让人感觉盛气凌人，不想与你再做过多交往；平视为好！

成功学说心态改变行为，其实行为照样可以改变心态。从现在开始，展现出一个完美的体态：抬起头，挺胸，脸上浮现笑容，眼神也变得柔和起来。你已经展现出了一个极为自信的赢家状态。

（二）自信的全方位认识

自信就是在正确认识自己的基础上，知道自己的优点和缺点，并能愉快地接纳自己，相信自己的能力和才干，是一种积极健康的心理品质。

自信的人轻松、活泼。自信的人在面容、姿态和言行举止上都会表现出一种活泼的生气，显得对生活充满信心。

自信的人坦诚。自信的人总是能够直接而坦诚地说出自己的想法。

自信的人开放、虚心。自信的人能够虚心地接受批评，坦然地承认自己的错误，并且愿意承担错误所带来的后果，总结经验。

自信的人大度。自信的人能够自然和自如地表达自己对别人的赞赏、好感和喜欢，也能够自然和自如地接受别人对自己的赞赏、好感和喜欢。

自信的人言行一致。

自信的人果断、勇敢。

（三）自信的培养方法

只有接受自己的人，才能使自己的身心得到充分的发展，因而获得和谐的人际关系。

1. 确定目标法

确定目标既是人生成功的需要，也是激发人的潜力、最大化地创造价值的需要。设立正确的目标本身就是自信心的一种表现，你在心中有了目标，你的潜意识就会调动你所有的能量，为实现目标而努力。值得注意的是，在设定目标时,一定要与实际结合,不要好高骛远。

2. 自我暗示法

信心是一种心理状态,可以用成功暗示法去诱导出来。对你的潜意识重复地灌输正面的、肯定的语气,是发展自信心最快的方式。

3. 想象成功法

学会想象成功。在进行肯定性暗示的同时,脑海中勾勒出肯定性内容所体现出来的具体情境和场合。例如,当看到一个自信的自己出现在他人面前时,得到了他人羡慕的眼光、赞美的话语,看到了自信的自己在工作上所取得的成就,在为人处世上所表现出来的潇洒自如。

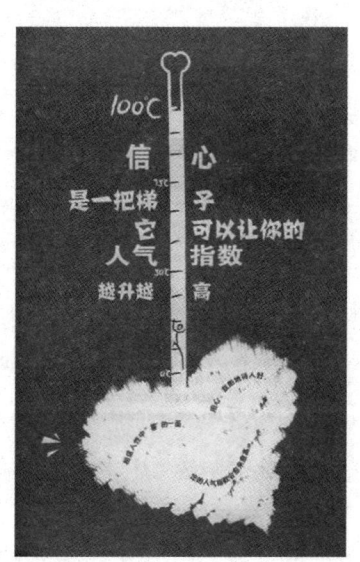

4. 预先确定法

给自己的言行定好各种条条框框:如果我是一个有自信的人,我平时应该怎样表现呢?我怎样走路、怎样说话、怎样思考、怎样与自己的内心说话?如果你能时刻让自己表现得自信十足,那么你就是一个有自信的人,至少别人看来是这样的。

5. 模仿榜样法

如果做一件你不擅长的事情,没有自信的时候,你首先要找到这个领域内的高手,然后完全复制他们,包括他们的举止行为、衣着打扮以及态度、价值观,甚至信仰。要如何做到这些呢?如果你同他们有联系,那么尽可能地多与他们交谈;如果你与他们并不认识,那么就通过熟识的人去了解。

自信是人生这辆跑车的挡位,而努力是给车加油。油加得再多,如果不换挡,车子也跑不快。

活动准备

1. 文具准备:纸、笔。
2. 资料准备:
(1)个人介绍材料,包括个人的容貌特征、兴趣爱好、性格倾向、家庭状况等。
(2)搜集并摘抄体现积极向上精神的口号及歌曲(3~4个)。
(3)查阅《杜拉拉升职记》书籍或视频的相关资料。
3. 选择抽签/点名/自由组合形式,进行分组。

任务导入

在课堂上,当老师要求学生们发言时,常常发现有这样的现象:有些学生不敢发言,对老师的提问表现得极其紧张、害怕;还有一部分学生回答的过程中面无表情,声音无力,像在背书;有的甚至不喜欢发言,拼命用书遮住脸;甚至有的做其他的事。

在与他人沟通的过程中,你能清楚地表达自己热情、积极的感受吗?你能自如地与陌生的同学交谈吗?你有时会觉得无法有效地把自己的意愿表达清楚吗?……为什么会出现这些困惑?如何才能解决这种种烦恼?

能力训练

活动一：我和你

在教室内四处走动，与尽可能多的同学打交道，了解他们的姓名、籍贯和个人特点，完成下列空格。

姓　名	籍　贯	个人特点
1. _____	_____	_____
2. _____	_____	_____
3. _____	_____	_____
4. _____	_____	_____
5. _____	_____	_____
6. _____	_____	_____
7. _____	_____	_____
8. _____	_____	_____
9. _____	_____	_____
10. _____	_____	_____
……………		

交流分享：

1. 在活动中，你新认识了多少人？对新认识的同学，你记住了他们的哪些情况？

2. 在认识新同学的过程中，你认为，做得最成功的地方是什么？最不成功的地方是什么？

3. 通过上述活动，请你用自己的话对"人际沟通"的理解做一个描述。

活动二：我的自信

场地：空地。

环节一：

以组为单位，席地而坐。各小组轮流出列，小组成员由小组长率领，进行小组展示，包括本组的队名、队员介绍、口号、队歌等。

环节二：

1. 小组围成圈，每一个组员轮流站在圈中心进行自我介绍。
2. 每小组推选一位代表，在全班同学前进行自我介绍，内容越丰富越好。

交流分享：

1. 在环节一中，根据每一组的表现，哪一组的表现让你印象最深刻，为什么？

2. 在环节二中,你认为哪一组的代表表现得最为自信?表现好的方面有哪些?还需改善的地方有哪些?

3. 你认为自信的表现有哪些?

 实例分析

活动要求:

1. 观看电视剧《杜拉拉升职记》第四集及第五集的片段,重点关注杜拉拉与人沟通交流的方式、方法。
2. 联系观看影片《杜拉拉升职记》的感想,阅读下文。

• 《杜拉拉升职记》

拉拉没有从王蔷那里获得解决之道,只得自己动脑筋想法子。

她指使海伦取得上海办行政报告的格式,经研究确认大致适合广州办使用后,她就直接采用上海办的格式取代了广州办原先的报告格式。

这一举措果然讨得玫瑰的欢心,由于拉拉使用了她惯用的格式,使得她在查阅数据的时候方便了很多,也让她获得被追随的满足感。

对拉拉来说,玫瑰自然不会挑剔一套她本人推崇的格式,因此拉拉也就规避了因为报告格式不合玫瑰心意而挨骂的风险。

这是典型的双赢。

唯一不满的是海伦。海伦用惯了原来的格式,新格式花了她不少时间去适

应，密密麻麻的表格搞得本来就不擅长数据的她头昏脑涨。海伦想，好端端的，为什么要改？不由得心里鄙夷拉拉擦鞋（广东方言，意指拍马屁）。

拉拉一眼瞧出海伦腹诽自己，把海伦拎到自己座位边，问她："如果你是玫瑰，你是愿意几个办事处每个月的报告各有各的格式，还是更希望大家用统一的格式呢？"

海伦不假思索地说："那当然是统一的格式方便啦。"

拉拉说："既然得统一，你是喜欢用你自己用熟了的格式呢，还是更愿意用你不熟悉的格式呢？"

海伦说："肯定选自己用熟的格式啦。"

拉拉继续说道："那不结了，玫瑰也会喜欢用自己熟悉的格式嘛。"

海伦无话可说了，憋了半天又不服气道："我们原来的格式没有什么不好。现在这一换，要多花好多时间去熟悉表格。"

拉拉憋住笑，摆出循循善诱诲人不倦的架势说："那你就多努力，早日获得提升，当你更重要的时候，你的下级就会以你为主，和你建立一致性啦。谁叫现在的经理是玫瑰而不是你呢？"

海伦还要啰唆，拉拉让她拿出年初设立的本年度绩效考核目标，在行为方面，公司对全体员工的考核指标里有一条，叫做"建立一致性"。

…………

李斯特给了拉拉半个小时，单独和她聊了聊她上任后几个月的情况，拉拉说，玫瑰教给她很多东西，感到工作得非常充实。

李斯特频频点头说："玫瑰的专业经验非常丰富。我很高兴你能在这个岗位上有满足感。"

拉拉找不到更好的办法，只得在和玫瑰建立一致性之外，认真研究了玫瑰主要控制的方面，找出规律后，拉拉就明白了哪些事情要向玫瑰请示并且一定要按玫瑰的意思去做，只要玫瑰的主意不会让自己犯错并成为替罪羊，她便决不多嘴，坚决执行；哪些事情是玫瑰不关心的没有价值的小事，拉拉就自己处理好而不去烦玫瑰；还有些事情是玫瑰要牢牢抓在手里的，但是拉拉可以提供自己的建议的，拉拉就积极提供些善意的信息，供玫瑰做决定时参考用。几个回合下来，拉拉就基本不再接到玫瑰那些令她惴惴不安的电话了。

交流分享：

1. 各小组围成一个圆圈，小组成员由小组长率领，分别高喊本组的队名、口号。

2. 由小组长组织小组成员广泛讨论、分析影片内容和纸质案例，完成下列活动任务书。

序号	项目	个人观点阐述	小组讨论情况综述
1	杜拉拉的人际沟通值得学习的地方		
2	杜拉拉的人际沟通需要改进的地方		
3	我们在日常学习生活中存在哪些沟通活动		
4	让我记忆深刻的一次沟通活动		

3. 由本小组推荐一名组员,代表本小组分享成果(活动任务书)。
4. 教师点评。

感悟与分享

课后拓展

检查一下你是如何识别人际沟通的特点：录下或记下你参加过的一次谈话。分析在谈话中怎样牵涉到人际沟通的特点？都包含了哪些特点？你从中得到些什么启发呢？

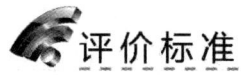 评价标准

关键能力课程学生课堂表现评价表

项目	A级	B级	C级	个人评价	同学评价	教师评价
考勤情况	在本课题学习过程中，全部能准时到堂上课	在本课题学习过程中，迟到、早退次数不超过2次	在本课题学习过程中，迟到、早退次数不超过4次或无故旷课不超过1次			
活动参与情况	每次都能积极参与本小组的学习活动，没有做与学习无关的事情	能参与本小组的学习活动，个别时候在学习活动中有开小差的情况	基本不参与本小组的学习活动，或者在学习活动中经常干与学习无关的事情			
课堂学习状态情况	学习注意力集中，能全面参与老师实施的教学活动及任务，积极举手发言，并有自己的见解	学习注意力较为集中，能基本参与老师实施的教学活动及任务，能举手发言，答题中有自己的思维较少	学习注意力不集中，很少参与老师实施的教学活动及任务，很少发言，不表达自己的观点			
合作学习情况	善于与人合作，虚心听取别人的意见	能与人合作，能接受别人的意见	缺乏与人合作的精神，难以听进别人的意见			
学习效果情况	能认真参与、完成课后延展活动，认真迅速地完成课后作业，作业质量高	能参与并完成课后延展活动，能完成课后作业，但完成时间慢或完成质量一般	不参与课后延展活动，不能完成作业			

我这样评价自己：

伙伴眼里的我：

老师的话：

关键能力课程学生学习效果评价表

评价方式	评价内容				
	评价项目	评价等级			
		A	B	C	D
自评	对本节课知识的兴趣	浓厚	较浓厚	一般	弱
	本节课独立思考的习惯	强	较强	中	弱
	自信心体验到学习成功的愉悦	多	较多	一般	少
	理解别人的思路，与同伴交流的意识	好	较好	一般	弱
	在知识、方法等方面获得收获的程度	高	较高	一般	低
同伴互评	本节课发言的次数	多	较多	一般	少
	本节课学习参与程度	好	较好	一般	差
	本节课课堂练习的正确性	高	较高	一般	低
师评	上课听讲的专心程度	专注	较好	一般	有时分心
	参与教学活动的程度	高	较高	一般	低
	课堂发言反映出的思维深度	强	较强	一般	弱
	课堂发现问题的角度	多	较多	一般	少
	课堂发现问题的能力	强	较强	一般	弱
评价说明	在评价等级下，相应的栏目只选一项，打"√"				

课题二　人际沟通的相关要素

人际关系定律

- 黄金定律——你希望他人怎样对待你，那你就怎样对待他人
- 白金定律——别人希望你如何对待他，你就如何对待他
- 钻石定律——用适合别人性格和需求的方式对待他人

课前准备

知识准备

一、常见性格分类方法

1. CSMP

CSMP 性格系统把性格分为以下四种：能力型（cholerio）、活跃型（sanguine）、完善型（melancholy）、平稳型（phlegmatic），简称 CSMP。

2. MBTI

MBTI 全称 Myers – Briggs Type Indicator。MBTI 把人的性格分为 16 种类型，由四个维度上的不同偏好构成。其中，"外向 E – 内向 I"代表着各人不同的精力（energy）来源；"感觉 S – 直觉 N"、"思考 T – 情感 F"分别表示人们在进行感知（perception）和判断（judgement）时不同的用脑偏好；"判断 J – 感知 P"是就人们的生活方式（life style）而言，它表明我们如何适应外部环境。

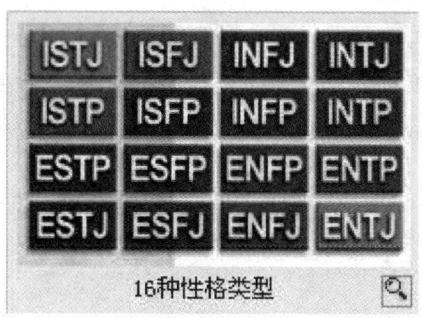

16种性格类型

3. 九型人格

九型人格（enneagram），又名性格型态学、九种性格。是婴儿时期人身上的九种气质，包括活跃程度、规律性、主动性、适应性、感兴趣的范围、反应的强度、心理的素质、分心程度、专注力范围/持久性。它是一个近年来备受美国斯坦福等国际著名大学 MBA 学员推崇并成为现今最热门的课程之一，近十几年来已风行欧美学术界及工商界。全球 500 强企业的管理阶层均有研习九型性格，并以此培训员工，建立团队，提高执行力。

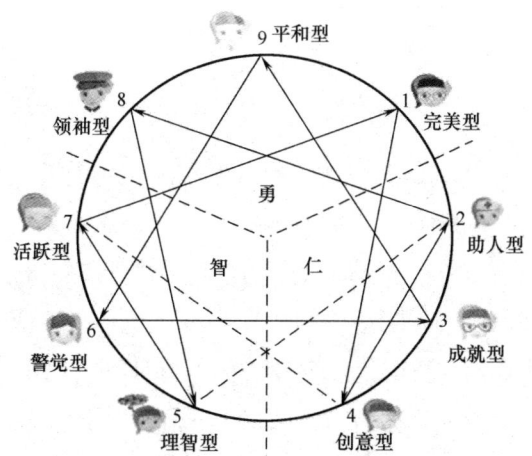

4. FPA

FPA 是 Focus Personality Analysis 的缩写，它是根据美国行为心理学家 Florence Littauer 创建的性格雏形为基本架构，由 Focus 不断发展至今的一套性格分析系统。

FPA系统将人们的性格分为：红色、蓝色、黄色、绿色。人的性格是复杂的，因此一个人绝不可能仅仅只受一种色彩来支配，四种色彩的综合才是对性格最完整的描述，只不过通常其中的一或两种色彩占主导位置。FPA也不仅仅只对职场范围的人际关系起作用，它也可以帮助我们解决生活、婚姻、家庭等全方位的人际关系。

掌握与各种性格类型的人相处，清楚与不同性格的人交往中的游戏规则，可以避免重复以往在沟通中犯过的错误。

二、情　　商

1995年，美国哈佛大学心理学教授丹尼尔·戈尔曼在《情感智力》一书中，首次提出了与"智商"（intelligence quotient，简称IQ）相对的术语——"情商"（emotional quotient，简称EQ）。心理学的研究提出了如下公式：成功（100%）= IQ（20%）+ EQ（80%），即人的一生，20%是由IQ决定，80%是由EQ主宰。如果说，智商主要反映人的认知能力、思维能力、语言能力、观察能力、计算能力等理性能力的话，那么，情商主要是反映一个人感受、理解、运用、表达、控制和调节自己的情感关系以及处理自己与他人之间情感关系的能力，是属于非理性的。

由此，对情商可以作这样的解释：情商是一个控制自己情绪、驾驭别人情绪的能力，是忍受挫折与应变的能力，是衡量一个人情绪水平高低的尺度。

已有的研究结果证明，由于传统文化的影响，大多数中国人的情绪不会明显地表达出来，而是通过与他人交往的过程中间接地表现出来。因此，情商对人际沟通的影响就变得特别突出和重要了。情商高者，在人际沟通中能够处于主动地位，凭借与他人的和谐关系即可事事顺利，做到事业成功。

三、情商与人际沟通

现代人常被各种各样的情绪左右，难以控制。社会和科技的进步，如电脑、网络、电子邮件等，带给人们新的烦恼，人与人的关系疏远了，面对面的交流减少了，传统的情感纽带也受到质疑。

人们恰当表达情绪，可以帮助人们在与人相处时更加自如自在。我们如何运用自己的情绪，是不是能够倾听别人讲话，是不是能够正确地对待不同的意见，这是一门艺术。只要我们聪明地对待情绪，情绪就会变成智能。

心理学和神经学的研究表明，每个人都可以提高自己的情商。提高情商的几个要素：自知、自控、自励、通情达理、和谐相处。

1. 自知（self-awareness）

自知就是能准确地识别、评价自己和他人的情绪情感，能及时察觉自己的情绪变化，能归结情绪产生的原因。自知的特点是：

（1）准确识别情绪　包括情绪对象特征、情绪强度特征、情绪时间特征和情绪变化特征；

（2）准确识别情绪原因，准确归因　包括能准确识别自己的需要特征、动机特征和自己的角色特征；

（3）准确识别环境关系　包括自己与他人的关系，自己所处的任务目标特征和环境的结构特征。

比如说你早上出门时摔了一跤，到教室后好几个小时都因此烦躁不安、疑神疑鬼、乱发脾气。但你对这种情绪波动一无所察，别人提醒你时还颇为惊讶。我们情绪起了变化的时候，注意力会放在引起情绪反应的事情上，也就是陷入情绪当中，无法"跳出来"看到当下的情绪，经常在过后才察觉到——我刚才很生气。要是能察觉自己的反应，就能尽早控制自己的情绪。

一个人只有全面地了解自己，才能在生活中轻松地把握自己的情绪，才能扬长避短，做到言行得体、进退自如，成为生活的强者。

2. 自控（managing emotions）

自控就是适应性地调节、引导、控制、改善自己和他人的情绪，能够使自己摆脱强烈的焦虑忧郁，能积极应对危机，并能增进实现目标的情绪力量。自控包括自我监督、自我管理、自我疏导、自我约束和尊重现实。高度自控者能认清和融入自己的工作环境，摆正和适应自己的角色，自己要清醒地认识到，自己能做什么，不能做什么；应做什么，不应做什么；现在能做什么，将来能做什么。

领导干部要有肚量，"肚量"就是自控。当别人做了一件不合你意的事，你能不能容忍？当别人没有征求你的意见，做了一件与你有关但不合你的观念的事，你能不能容忍？当有一个有能力、有个性，但有棱角的人，你能不能宽容？这时的一言一行、一举一动，体现的都是情商的高低！高情商者善于控制自己的情绪，把消极情绪留给自己，把积极情绪传达给他人，这样就会赢得他人的好感。而这好感，就像是一张存折，在你需要的时候，就能把平时零存进去的整取出来。所以，高情商者更容易赢得他人的尊重，能在人际沟通中处于主动地位，营造良好的人际关系，为事业成功奠定有利的基础。

3. 自励（motivating emotions）

自励就是利用情绪信息，整顿情绪，增强注意力，调动自己的精力和活力，适应性地确立目标，创造性地实现目标。自励就是上进心、进取心，上进心、进取心就是确立奋斗目标，并为之而积极努力。

自励意味"主动追求"，对一个情商高的人来说，会主动完成自己的工作，而不是等着别人来安排或督促。自励意味"开放性学习"，只要具有开放性学习品质，才能接受新的知识，不断地完善和充实自己的知识结构，而一个意识完全封闭的人，不可能有什么发展和进步。自励意味"负责忠诚"，对一个情商高的人来说，会忠诚自己的诺言，对行为负责，而不是推委或找借口。自励意味"求实坚毅"，对一个情商高的人来说，面对困难能够一点一滴地从事自己的工作，坚强自己的信念，而不是抱着"干得了就干，干不了就算了"的心态。自我激励在人际沟通中起着引擎的作用。

4. 通情达理（empathy）

通情达理就是能设身处地考虑他人的情感感受和行为原因，具备换位思考的能力和习惯，理解和认可情感差别，能与自己的观念不一致的人和平相处，理解别人的感受，察觉别人的真正需要，具有同情心。empathy 作为心理咨询学的专业词汇，常被翻译为"共情"。"共情"的基本特征是"准确理解他人"和"准确表达他人的思想"。准确理解他人就需要换位思考和高位思考。只有换位思考，才能达到"己所不欲，勿施与人"的效果；只有高位思考，才能达到"欲穷千里目，更上一层楼"的佳境。

5. 和谐相处（handing relationships）

和谐相处就是能妥善处理人际问题，与他人和谐相处。在专业分工越来越细的前提下，相互协作变得越来越重要，时代呼唤团队合作精神，时代需要人人相互信赖、相互尊重和相互协作。协作的作用在于提高组织的绩效，使团队的工作业绩超过成员个体业绩的简单之和，从而形成强大的团队凝聚力和整体战斗力，最终实现团队目标。只有真正融入了团队，才能保证工作的效率和质量

活动准备

1. 文具准备：笔、纸。
2. 参考网站：http://www.fpaworld.net/（FPA 性格色彩官方网站）。
3. 搜集性格色彩的相关资料并归纳"红蓝黄绿"四种性格颜色的特征：

性格颜色	特　征
红色性格	

续表

性格颜色	特　征
蓝色性格	
黄色性格	
绿色性格	

任务导入

一把坚实的大锁挂在铁门上，一根铁杆费了九牛二虎之力，却无法将它撬开。钥匙来了，它瘦小的身子钻进锁孔，只轻轻一转，那把大锁就"啪"地一声打开了。铁杆奇怪地问："为什么我费了那么大的力气也打不开，而你却轻而易举地就把它打开了呢？"钥匙说："因为我最了解它的心"。

由此可见,"对症下药"能够轻而易举地解决问题。那么我们在与他人沟通的过程中,是否也可以做到"对症下药"呢?

能力训练

FPA 测试:领取你的性格色彩

注意事项:

1. 在每个题目最能符合你选项前的小方块上打钩,每组只选一个答案。做完全部题目以后,按照最后的要求将各个字母的数字相加。

2. 所有问题的答案没有好坏或对错之分,请不要犹豫地确定你的答案。

3. 关注你自己的内心世界而非你的工作状态。你的习惯、教育、阶层和年龄常会给你一些误导,如果你很难确认,请选择让你"最自然的"、"最真实的"反应,而不是思考"最好的"、"最适合的"或者"最应该的"。换句话讲,你回答的问题是"我是谁",而不是"我应该是谁"或"我想是谁"。

开始测试:

1. 关于人生观,我的内心其实是:

A 希望能有各种各样的人生体验,所以想法极其多样化。

B 在合理的基础上,谨慎确定目标,一旦确定会坚定不移地去做。

C 更加在乎取得一切有可能的成就。

D 毫不喜欢风险,喜欢享受稳定或现状。

2. 如果爬山旅游，大多数状况下，在下山回来的路线我最可能：

A 好玩有趣，所以宁愿新路线回巢。

B 安全稳妥，所以宁愿原路线返回。

C 挑战困难，所以宁愿新路线回巢。

D 方便省心，所以宁愿原路线返回。

3. 在说话时，我更看重：

A 感觉效果。有时可能会略显得夸张。

B 描述精确。有时可能略过冗长。

C 达成结果。有时可能过于直接让别人不高兴。

D 人际感受。有时可能会不愿讲真话。

4. 在大多数时候，我的内心更想要：

A 刺激。经常冒出新点子，想做就做，喜欢与众不同。

B 安全。头脑冷静，不易冲动。

C 挑战。生命中竞赛随处可见，有强烈的"赢"的欲望。

D 稳定。满足自己所拥有的，很少羡慕别人。

5. 我认为自己在情感上的基本特点是：

A 情绪多变，经常波动。

B 外表自我抑制强，但内心感情起伏大，一旦挫伤难以平复。

C 感情不拖泥带水，只是一旦不稳定，容易发怒。

D 天性情绪四平八稳。

6. 我认为自己除了工作外，在控制欲上面，我：

A 没有控制欲，只有感染带动他人的欲望，但自控能力不算强。

B 用规则来保持自我控制和对他人的要求。

C 内心是有控制欲和希望别人服从我的。

D 没兴趣影响别人，也不愿别人来控制我。

7. 当与情人交往时，我最希望对方：

A 经常赞美我，让我享受开心、被关怀且又有一定自由。

B 可随时默契到我内心所想，对我的需求极其敏感。

C 得到对方的认可，我是正确的并且我对其是有价值的。

D 尊重并且相处静谧的。

8. 在人际交往时，我：

A 本质上还是认为与人交往比长时间独处是有乐趣的。

B 非常审慎缓慢地进入，常会被人认为容易有距离感。

C 希望在人际关系中占据主导地位。

D 顺其自然，不温不火，相对被动。

9. 我做事情，经常：

A 缺少长性，不喜欢长期做相同无变化的事情。

B 缺少果断，期待最好的结果但总能先看到事情的不利面。

C 缺少耐性，有时行事过于草率。

D 缺少紧迫，行动迟缓，难下决心。

10. 通常我完成任务的方式是：

A 常赶在最后期限前完成，是临时抱佛脚的高手。

B 自己有严格规定的程序，精确地做，不要麻烦别人。

C 先做，快速做。

D 使用传统的方法按部就班，需要时从他人处得到帮忙。

11. 如果有人深深惹恼我时，我：

A 内心感到受伤，认为没有原谅的可能，可最终还是会原谅对方。

B 深深感到愤怒，如此之深不会忘记，同时未来完全避开那个家伙。

C 会火冒三丈，并且内心期望有机会狠狠地回应。

D 避免摊牌，因为还不到那个地步或者自己再去找新朋友。

12. 在人际关系中，我最在意的是：

A 得到他人的赞美和欢迎。

B 得到他人的理解和欣赏。

C 得到他人的感激和尊敬。

D 得到他人的尊重和接纳。

13. 在工作上，我表现出来更多的是：

A 充满热忱，有很多想法且很有灵性。

B 心思细腻，完美精确，而且为人可靠。

C 坚强而直截了当，而且有推动力。

D 有耐心，适应性强而且善于协调。

14. 我过往的老师最有可能对我的评价是：

A 情绪起伏大，善于表达和抒发情感。

B 严格保护自己的私密，有时会显得孤独或是不合群。

C 动作敏捷又独立，并且喜欢自己做事情。

D 看起来安稳轻松，反应度偏低，比较温和。

15. 朋友对我的评价最有可能的是：

A 喜欢对朋友述说，也有感染别人的力量。

B 能够提出很多周全的问题，而且需要许多精细的解说。

C 愿意直言想法，有时会直率而犀利地谈论不喜欢的人、事、物。

D 通常与他人一起是倾听者。

16. 在帮助他人的问题上，我内心的想法是：

A 别人来找我，不太会拒绝，会尽力帮他。

B 值得帮助的人应该帮助。

C 很少承诺要帮，但我若承诺必兑现。

D 虽无英雄打虎胆，常有自告奋勇心。

17. 面对他人对自己的赞美，我内心：

A 没有也无所谓，特别欣喜那也不至于。

B 我不需无关痛痒的赞美，宁可对方欣赏我的能力。

C 思考对方的真实性或立即回避众人的关注。

D 赞美多多益善，总是令人愉悦的。

18. 面对生活，我更像：

A 随和派——外面的世界我无关，我觉得自己这样还不错。

B 行动派——我不进步，别人就会进步，所以我必须不停地前进。

C 分析派——在问题未发生之前，就该想好所有的可能。

D 无忧派——每天的生活开心快乐最重要。

19. 对于规则，我内心的态度是：

A 不愿违反规则，但可能因为松散而无法达到规则的要求。

B 打破规则，希望由自己来制定规则而不是遵守规则。

C 严格遵守规则，并且竭尽全力做到规则内的最好。

D 不喜被规则束缚，不按规则出牌会觉得新鲜有趣。

20. 我认为自己在行为上的基本特点是：

A 慢条斯理，办事按部就班，能与周围的人协调一致。

B 目标明确，集中精力为实现目标而努力，善于抓住核心要点。

C 慎重小心，为做好预防及善后，会不惜一切而尽心操劳。

D 丰富跃动，不喜欢制度和约束，倾向于快速反应。

21. 当我做错事时，我倾向于：

A 害怕但表面不露声色。

B 不承认而且辩驳，但内心其实已经明白。

C 愧疚和痛苦，容易停留在自我压抑中。

D 难为情，希望逃避别人的批评。

22. 当结束一段刻骨铭心的感情时，我会：

A 很难受，可日子总要过，时间会冲淡一切的。

B 虽然受伤，但一旦下定决心，就会努力把过去的影子甩掉。

C 深陷在悲伤的情绪中，长期难以自拔，也不愿再接受新的人。

D 痛不欲生，需要找朋友倾诉或者找到渠道发泄，寻求化解之道。

23. 面对他人的倾诉，我回顾自己，大多时候倾向于：

A 能够认同并理解对方当时的感受。

B 快速做出一些定论或判断。

C 给予一些分析或推理，帮助对方理顺思路。

D 可能会随着他的情绪起伏而起伏，也会发表一些评论或意见。

24. 我在以下哪个群体中交流较感满足？

A 舒服轻松的氛围中，心平气和地最终达成一致结论。

B 彼此展开充分激烈的辩论并有收获。

C 有意义地详细讨论事情的好坏和影响。

D 很开心并且随意无拘束地闲谈。

25. 在内心的真实想法里，我觉得工作：

A 不必有太大压力，可以让我做我熟悉的工作就很不错。

B 应该以最快的速度完成，且争取去完成更多的任务。

C 要么不做，要做就做到最好。

D 如果能将好玩融合其中那就太棒了，不过如果不喜欢的工作实在没劲。

26. 如果我是领导，我内心更希望在部属心目中，我是：

A 可以亲近的和善于为他们着想的。

B 有很强的能力和富有领导力的。

C 公平公正且足以信赖的。

D 被他们喜欢并且觉得富有号召力的。

27. 我对认同的需求是：

A 无论别人是否认同，生活都是要继续的。

B 精英群体的认同最重要。

C 只要我在乎的那些人认同我就足够了。

D 所见之人无论贵贱都对我认同那有多好。

28. 当我还是个孩子的时候，我：

A 不太会积极尝试新事物，通常比较喜欢旧有的和熟悉的。

B 是孩子王，大家经常听我的决定。

C 害羞见生人，有意识地回避。

D 调皮可爱，乐观而又热心。

29. 如果我是父母，我也许是：

A 不愿干涉子女或者容易被说动的。

B 比较严厉或能直接给予方向性指点的。

C 用行动代替语言来表示关爱或者高要求的。

D 可参与到孩子们中一起玩，孩子的朋友们热烈欢迎的。

30. 以下有四组格言，哪组里整体上最符合我的感觉？

A 最深刻的真理是最简单和最平凡的。

要在人世间取得成功必须大智若愚。

好脾气是一个人在社交中所能穿着的最佳服饰。

知足是人生在世最大的幸福。

B 走自己的路，让人家去说吧。

虽然世界充满了苦难，但是苦难总是能战胜的。

有所成就是人生唯一的真正的乐趣。

对我而言解决一个问题和享受一个假期一样好。

C 一个不注意小事情的人，永远不会成功大事业。

理性是灵魂中最高贵的因素。

切忌浮夸铺张。与其说得过分，不如说得不全。

谨慎比大胆要有力量得多。

D 与其在死时握着一大把钱，还不如活时丰富多彩。

任何时候都要最真实地对待你自己，这比什么都重要。

使生活变成幻想，再把幻想化为现实。

幸福在于对生命的喜悦和激情。

前 1～15 题合计数：　　　　　后 16～30 题合计数：

A 的总数（　　　）　　　　　A 的总数（　　　）

B 的总数（　　　）　　　　　B 的总数（　　　）

C 的总数（　　　）　　　　　C 的总数（　　　）

D 的总数（　　　）　　　　　D 的总数（　　　）

　　小计 15　　　　　　　　　小计 15

现在把两部分的数目汇总在一起，你将得到你的性格色彩速写。

红色：前 A + 后 D 的总数（　　　）

蓝色：前 B + 后 C 的总数（　　　）

黄色：前 C + 后 B 的总数（　　　）

绿色：前 D + 后 A 的总数（　　　）

　　总计 30

本测试可以使你领取属于你的性格色彩，同时也可知道自己大概的组合。例如，你在红色上的总数是 20，几乎毫无疑问，你是标准的红色性格；又比如，你在黄色是 15，红色是 11，其他各为 2，你将是黄 + 红的性格。

总分中数目最大的字母，是你的核心性格，也就是你天性中最重要的"动机"的性格。其他字母内的分数代表你整个性格中组合的整体比例。你的核心性格主色只有一种，不同的性格主色产生一个最重要的"动机"。而你的性格可能是一种，也有可能是两种的组合。

本测试题目旨在测试你的"性格"而非你的"个性"，测试你的"先天"而非你的"后天"。但仍会有一部分读者很难判断哪种色彩是先天哪种色彩是后天。如果你在做题过程中，严格符合测试说明，你将了解自己性格本源的力量。

天性中的性格，基本是以下12种情况：典型的红色、红+黄、典型的蓝色、红+绿、典型的黄色、典型的绿色、蓝+黄、黄+红、绿+红、蓝+绿、黄+蓝、绿+蓝。

在性格组合当中，没有列出"红蓝配"（红+蓝、蓝+红）和"黄绿配"（黄+绿、绿+黄）的四种组合，是因为红与蓝、黄与绿是两对完全相反的性格。两种完全相反的性格共同组合在一人身上，必有另一个是受到强大的后天影响。这种人将在很多时候呈现极大的内心困惑。挖掘出真正的自己，对他们而言，是所有人中最迫切需要的！

活动：别人眼中的我

1. 教师公布活动规则：每个人一张白纸，在纸的最上面一行写下自己的姓名和对留言者说的一句话，大家互相帮助用别针或透明胶把纸固定到自己的后背上。

2. 接下来大家在同学的后背上写留言。留言过程中，同学们不能说话，要用非语言形式进行交流，留言内容是你对这个人的认识，包括优点、缺点以及建议，还可以写上自己最想对他说的一句话，不用留名。

3. 十五分钟后，老师示意大家停下，同学们再次围坐在一起，拆开背后的纸条，看看同学们对自己背后的评价。

4. 团体分享"背后的留言"。

（1）别人因什么而欣赏你？因什么而不欣赏你？对别人的反应你认同吗？

（2）哪些评价让你感到新颖、好笑而又确实符合自己？

（3）你有没有看到自己潜在的优势或特长，可能你从未注意，而在别人的眼中可能是那么明显？

（4）这个游戏还带给你哪些其他的感受？

 实例分析

- 以 CSMP 系统为例分析《西游记》师徒四人的性格

我们先从师父——唐僧说起。唐僧是团队的领导，目的明确、意志坚定、不达目的不罢休，是典型的完美型。完美型的人是非常严肃的，由于做事很严谨而使得他过于计较细节，没完没了地批评别人的瑕疵，让人觉得很苛刻。完美型的是最有天赋和创造力的人，作家、音乐家等通常都是完美型的人。完美型的人做事很有条理，所以很受不了桌子上、家里乱七八糟的样子。完美型的人的一句座右铭就是：如果值得做，就要做得最好。

说完了唐僧，我们就要说说大师兄——孙悟空了。孙悟空在去西天取经的一路上，斩妖除魔、懂得七十二变，是团队的中坚力量，但是他恃才自傲、不愿服从管理，是典型的力量型的人。力量型的人天生具有领导气质，处理问题从不拖泥带水，快刀斩乱麻，但是问题的处理结果不一定理想，因为他们没有花更多的时间去周密的分析。力量型的人意志坚定，勇于冒险，做人直率坦诚，争强好胜，好与人争辩，得理不让人。这类人多数都是工作狂，永远盯着工作目标。

第三个要说的就是那个看上去憨憨、可爱的二师兄——猪八戒了。八戒乐观开朗、风趣幽默、好吃懒惰的性格特点给人留下了深刻的印象。而八戒就是典型的活泼型的人。活泼型的人非常健谈，并且情绪化很厉害。天真活泼的特点是，即使老了仍然能够从活泼型的人身上看到孩子般的童真。他们很注重外表，比如佩戴个性的饰品、穿着鲜艳的服装等喜欢引人注意。严重的自我，说 10 句话会有 8 句以"我"为开头。喜欢被赞美，他们希望被别人认可。善于交际容易相处，并且乐于助人。他们有丰富的想象力、创造力，并且为人热情直爽。

最后一个要说的，就是沙僧了。沙僧最大的特点就是工作踏实、任劳任怨，所有的行李一直都是他扛着，并且在悟空被师傅赶走、八戒要解散的时候，沙僧劝住了八戒，避免了团队分裂的危机。沙僧是典型的和平型的人。和平型的人性情平和，与世无争，谦让，容忍力强；善于聆听，不爱表现；富有同情心，优柔寡断。因为他们的性格特点，所以很适合做群众矛盾调解工作。

我们最后再高度概括一下：活泼型"热情奔放"，做任何事都充满激情；力量型"驾驭统帅"，无论什么事情都可以很好的驾驭好；完美型"冷静分析"，擅长统计，适合搞研究；和平型"平易近人"，性格随和，容易相处。

感悟与分享

课后拓展

联系该课题的内容,查找、阅读《色眼识人》相关资料,并结合自己的性格表现进行对照分析。

 评价标准

关键能力课程学生课堂表现评价表

项目	A级	B级	C级	个人评价	同学评价	教师评价
考勤情况	在本课题学习过程中，全部能准时到堂上课	在本课题学习过程中，迟到、早退次数不超过2次	在本课题学习过程中，迟到、早退次数不超过4次或无故旷课不超过1次			
活动参与情况	每次都能积极参与本小组的学习活动，没有做与学习无关的事情	能参与本小组的学习活动，个别时候在学习活动中有开小差的情况	基本不参与本小组的学习活动，或者在学习活动中经常干与学习无关的事情			
课堂学习状态情况	学习注意力集中，能全面参与老师实施的教学活动及任务，积极举手发言，并有自己的见解	学习注意力较为集中，能基本参与老师实施的教学活动及任务，能举手发言，答题中有自己的思维较少	学习注意力不集中，很少参与老师实施的教学活动及任务，很少发言，不表达自己的观点			
合作学习情况	善于与人合作，虚心听取别人的意见	能与人合作，能接受别人的意见	缺乏与人合作的精神，难以听进别人的意见			
学习效果情况	能认真参与、完成课后延展活动，认真迅速地完成课后作业，作业质量高	能参与并完成课后延展活动，能完成课后作业，但完成时间慢或完成质量一般	不参与课后延展活动，不能完成作业			

我这样评价自己：

伙伴眼里的我：

老师的话：

关键能力课程学生学习效果评价表

评价方式	评价内容				
	评价项目	评价等级			
		A	B	C	D
自评	对本节课知识的兴趣	浓厚	较浓厚	一般	弱
	本节课独立思考的习惯	强	较强	中	弱
	自信心体验到学习成功的愉悦	多	较多	一般	少
	理解别人的思路,与同伴交流的意识	好	较好	一般	弱
	在知识、方法等方面获得收获的程度	高	较高	一般	低
同伴互评	本节课发言的次数	多	较多	一般	少
	本节课学习参与程度	好	较好	一般	差
	本节课课堂练习的正确性	高	较高	一般	低
师评	上课听讲的专心程度	专注	较好	一般	有时分心
	参与教学活动的程度	高	较高	一般	低
	课堂发言反映出的思维深度	强	较强	一般	弱
	课堂发现问题的角度	多	较多	一般	少
	课堂发现问题的能力	强	较强	一般	弱
评价说明	在评价等级下,相应的栏目只选一项,打"√"				

课题三　非语言沟通

 **课前准备**

 **知识准备**

非语言行为在信息沟通中不但起到了支持、修饰或否定语言行为的作用，而且在某些情况下，还可以直接替代语言行为，甚至反映出语言行为难以表达的思想情感。显然，如果我们单纯地重视语言沟通，将无法保证沟通的全面性和准确性。

专家将非语言沟通的方式分为三类：

（1）标记语言　用手势、代号等代替文字语言的特殊标记系统，如聋哑人的手语、旗语，交通警察的指挥手势，军队的电码，以及一般人惯用的一些表意形式，如食指和拇指围成一个圆圈、其他三指伸开的"OK"记号，表示"可以"、"不错"之意。

（2）行动语言　包括那些不特别用于代表某种信号的所有身体运动，不但显示身体的移动或完成某种动作状态，而且泄露与此动作有关的其他信息，如吃喝、挥手、接吻、跺脚等，都具有功能上和沟通上的双重意义。

（3）物体语言　人们有意无意地摆设的一些物体，其特定的形态也能十分准确地表达某种含意，如衣着打扮、环境布置、房间设计等，都具有表意作用。

上述非语言沟通的方式，在通俗文化中，一般被归为一类，称为身体语言。学术界把这种类型的沟通称为身体沟通或非语言沟通。

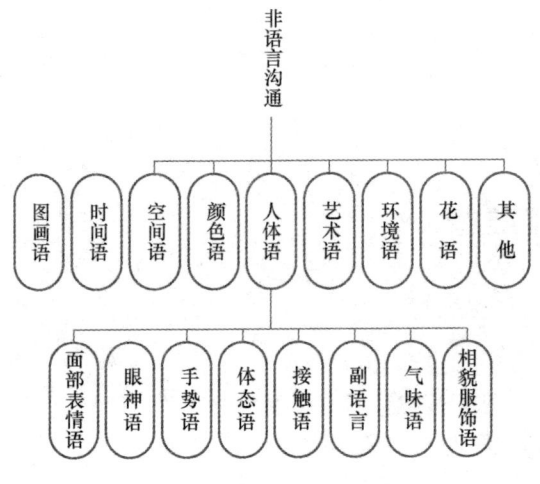

非语言沟通类型结构图

一、表情语言

面部表情是依靠五官的动作来表达的。无论是轻松还是紧张，高兴还是生气，喜还是忧，都会挂在脸上。

一般来说，脸部肌筋动作向上，则显现出"和蔼"、"愉悦"、"善意"的表情；脸部肌筋动作向下，则显现出"敌意"、"难受"、"痛苦"的表情。

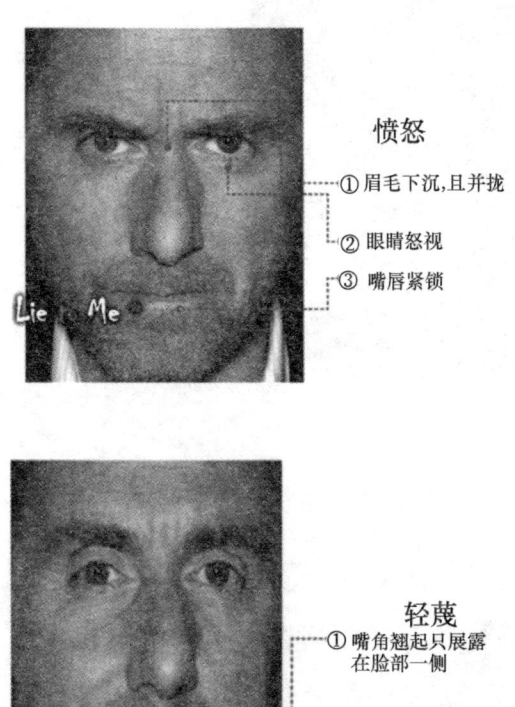

愤怒
① 眉毛下沉,且并拢
② 眼睛怒视
③ 嘴唇紧锁

轻蔑
① 嘴角翘起只展露在脸部一侧

据心理专家研究，眉毛可有 20 多种动态，分别表示不同的感情。同时，眉目通常联合传情，固有"眉目传情"之说。眉飞色舞，表达兴奋；双眉紧锁，代表忧愁；眉目骤张，显示惊讶；眉目低垂，表现漠然；横眉竖目，表示愤怒。由此可见，眼神变化实际上包含着眉的变化。眉最基本的形态就是紧锁和舒展，前者表达焦虑，后者则体现放松和愉悦。

鼻的表情所表达的含义也比较明确。如厌恶时将脸高扬，自然而然地耸起鼻子；轻蔑时则不但将脸上扬，同时用鼻音朝对方"哼"一声的行为，正是"嗤之以鼻"的写照。愤怒时鼻孔张大，紧张时鼻腔收缩均为常见的表情。而频频下意识地揉鼻子，则有对当前谈话、场合不耐烦或厌倦之意。

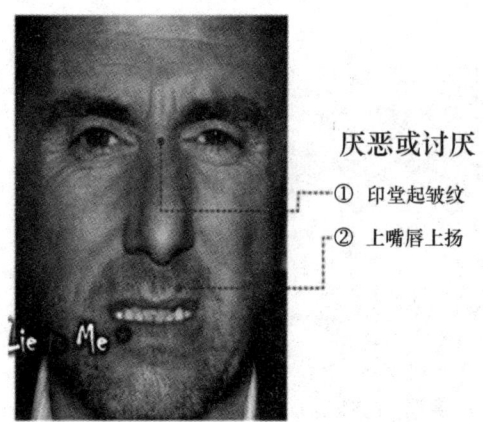

嘴巴是说话的器官,也是摄取食物和呼吸的器官之一,它有吃、咬、吮、舐等多种动作形式。这些动作形式也传达着丰富的情绪信息。

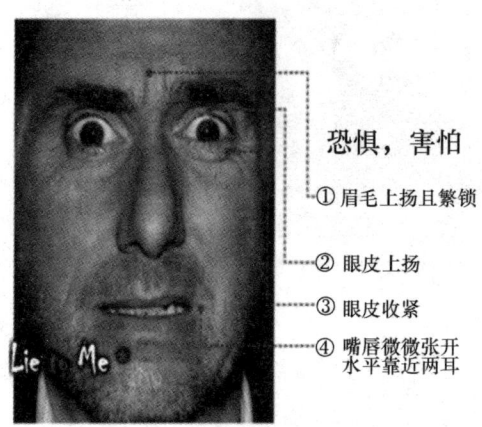

眼神语言,也叫目光语,是人们运用眼神传递信息、表达情感、进行交际的人体语言。通过观察一个人眼睛的变化,可以得到关于他的思想状态和情感状态的重要信息。人们还可以用眼神交流相互的态度。透露人们内心真实状态的有效线索是眼神,而不是表情,因为表情可以伪装,而眼神不能伪装。一般来说,通过眼睛进行交流的常见形式有目光接触、视线交流、目光回避、扫视、斜视和眨眼等。

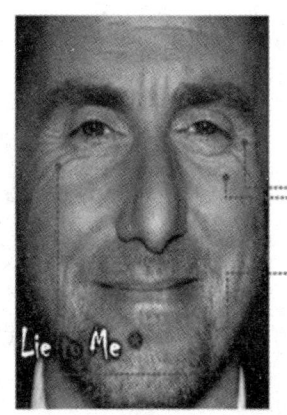

快乐，高兴

*真心的笑容包括
① 会有类似鹰爪皱纹
② 脸颊上扬鼓起
③ 扯动眼窝周围的肌肉

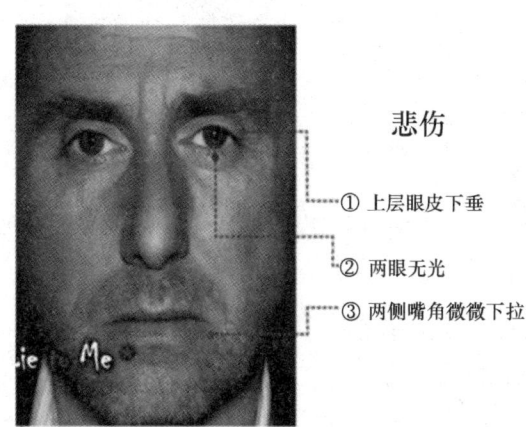

悲伤

① 上层眼皮下垂
② 两眼无光
③ 两侧嘴角微微下拉

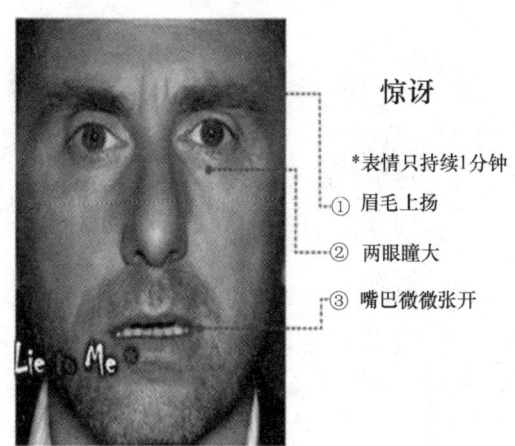

惊讶

*表情只持续1分钟
① 眉毛上扬
② 两眼瞳大
③ 嘴巴微微张开

二、肢体语言

肢体语言主要指四肢语言，包括手部语言、头部语言、脚部语言以及肩部语言等。通过对肢体动作的分析，可以判断人的心理活动或心理状态。

（一）手部语言

由于手部动作比较灵活，因此运用起来更加自如，手部语言也就成了肢体语言中最核心的部分。手势可以是各民族共通的，如摇手表示"不"；手势也可能会因文化不同而产生差异，如英美人对着迎面而来的车辆摆出右手握拳、拇指翘起向右肩后晃动的动作，表示请求搭便车，但是在澳大利亚，这一动作往往会被看作是淫荡之举。

用手势可以传达各种信息，还可以表达你的内心情感。

1. 手掌

一般认为，敞开手掌象征着坦率、真挚和诚恳。判断一个人是否诚实，有效的途径之一就是观察他说话时手掌的活动。小孩子撒谎时，手掌藏在背后；承认撒谎时，往往将双手插在兜内，或者双臂交叉，不露手掌。常见的手掌语言有两种：掌心向上和掌心向下。掌心向上，摊开双手，表示真诚坦率，不带任何威胁性；掌心向下，表明压抑、控制，带有强制性和支配性，容易使人产生抵触情绪。

2. 手指

双手插在上衣或裤子口袋里，伸出两拇指，是显示高傲态度的手势；将双臂交叉胸前，双拇指翘向上方，这既显示防卫和敌对情绪，又显示十足的优越感，这种人极难接近；若在谈话中将拇指指向他人，这是嘲弄和藐视的信号。若伸出食指，其余的指头紧握，指向对方，表示不满对方的所作所为而教训对方，带有很大的威胁性。如果将双手手指架成耸立的塔形，表示有发号施令和发表意见的欲望；若成水平的尖塔形则表示愿意听取别人的意见。

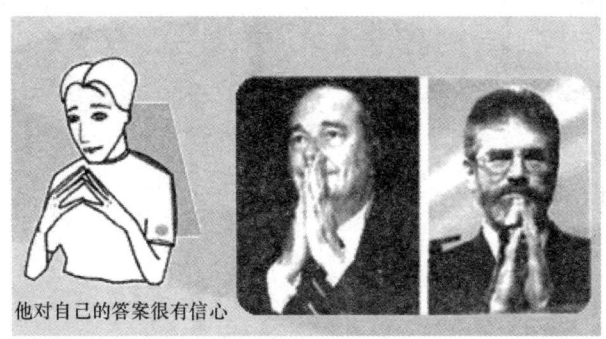

他对自己的答案很有信心

3. 背手

有地位的人都有背手的习惯,当他们站立或走路时,双臂放在身后,并用一只手握住另一只手,表示的往往是有一种优越感和自信心。不仅如此,背手还可以起到镇定作用,双手放在身后,表现出自己的胆略。学生背书,双手往身后一放,的确可以缓和紧张情绪。但要注意的是,若双手背在身后,不是手握手,而是一只手握另一只手的腕、肘、臂,则成为一种表示沮丧不安并竭力进行自我控制的动作语言,暗示了当事人心绪不宁的被动状态。

4. 搓手掌

冬天搓手掌,是防冷御寒。平时搓手掌,正如成语"摩拳擦掌"所形容的跃跃欲试的心态,是人们表达对某一事情的急切期待的心情。运动员起跑前搓搓手掌,表示期待胜利;国外的餐馆服务员在你桌前搓搓手掌,问:"先生,还要点什么?"这实际上是对小费的期待,对赞赏的期待。

"摩擦手掌"这一动作表示此人无比期待的心情

5. 双手搂头

将双手交叉搂在脑后,这是有权威、占优势地位或对某事抱有信心的人经常使用的一种典型的表示高傲的动作。这也是一种暗示拥有权力的手势。若双手支撑着脑袋,或是双手握拳支撑在太阳穴部位,双眼凝视,这是脑力劳动者惯用的一种帮助思考的手势。

6. 亮出腕部

男性挽袖亮出腕部,是一种力量的展示,显示了积极的态度。女士的腕部皮肤光滑,女士露腕亮掌,具有吸引异性的意图。

(二) 腿部语言

(1) 站立时双腿交叉往往给人一种自我保护或封闭防御的感觉;相反,说话时双腿和双臂张开,脚尖指向谈话对方,则是友好交谈的开放姿势。

(2) 架腿而坐,表示拒绝对方并保护自己的势力范围;不断地变化架腿的姿势,是情绪不稳定或焦躁、不耐烦的表现;在讨论中,将小腿小半截放在另一条腿的上膝部,往往会被理解为辩论或竞争性姿势;女性交叉上臂并架腿而坐,有时会给人以心情不愉快甚至是生气的感觉。

(三) 脚部语言

脚的动作虽然不易观察,但却更直观地揭示了对方的心理。抖脚可表明轻松愉快,也可表示焦急不安;跺脚表明兴奋,但在愤怒时也会跺脚;脚步轻快表明心情舒畅;脚步沉重说明疲乏、心中有压力等。双脚呈僵硬的姿势,表示紧张、焦虑;脚尖点地表示轻松或无拘束;坐着时,脚尖来回摆动表示轻松或悠闲。

(四) 肩部语言

外国人较为普遍地使用耸肩膀这一动作。处于受到惊吓,一个人会紧张得耸肩膀,这是一种生理上的动作。另外,耸肩膀还表示随便、无可奈何、放弃、不理解等含义。

活动准备

参考"知识准备"内容,选择 3~4 个词语(成语),编出对应的身体语言动作,要求演绎的生动到位。

任务导入

中医看病讲究"望、闻、问、切",其中"望、闻、切"就利用了非语言沟通对患者进行观察;京剧演员强调"唱、做、念、打",其中"唱、念"是语言艺术,"做、打"则是非语言表演艺术;公安人员抓扒手往往借助"一看目,二看眼,三看表现,四看动作","四条经验"无一不是与嫌疑对象的非语言表现有关。你是否也留意到这些身体语言所传达的信息呢?

能力训练

活动一:辨析——

请说出下列一组眼神分别对应哪种情绪:

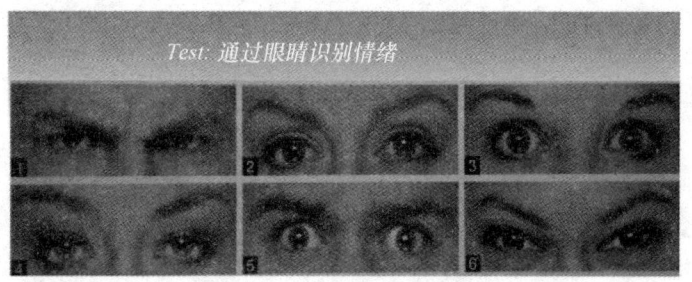

愤怒……含情脉脉……惊讶……高兴……恐惧……焦虑……

活动二：我猜我猜我猜猜猜

游戏规则与程序：

1. 每组每次派出两名代表到台上表演，其余组员根据两人的表演猜词。

2. 负责表演动作的同学根据主持人给出的词语进行表演，不能发出任何声音，只能用肢体语言来表达。一旦说话，视为犯规，此题作废。

3. 可以选择"pass"。

4. 在规定时间内猜词正确个数最多的一组获胜。

交流分享：

1. 刚才的游戏中，你是怎么去演的？你又是根据什么去猜的？

2. 分享演绎个人课前准备的词语。

实例分析

活动要求：

阅读案例，联系你在日常生活中的观察，完成"微表情"填空。

1. 微表情

微表情的概念最早是由美国心理学家保罗·埃克曼在1969年提出的，后来随着美剧《别对我撒谎》而流行起来。微表情是指下意识的短暂表情，最短只有1/25秒。

"外企在招聘中很注意微表情，这几年国企也开始重视起来。"据了解，95%以上的面试官最看重求职者在回答问题时所表现出来的综合素质、心理素质和抗压能力。大部分考官更看重面试者回答是否自然流利、逻辑严谨，因为这能显示出良好的心理素质。

一位就业指导中心的工作人员表示，目前面试的最大考点就是"微表情"，有效减压、改善"微表情"，成为面试加分的关键。

交流分享：

下列"微表情"暗示着什么？

序号	微表情	暗示内容
1	手指摩擦手心，咬指甲	
2	手插口袋，眼睛左顾右盼	
3	抿嘴唇，挠头	
4	眼睛向上看	
5	扶眉骨	
6	嘴微张，眼睁大	
7	谈话中做出切断性手势	
8	微偏头微笑	
9	指尖搭成塔尖	
10	常扶眼镜或把玩领带项链	

2. 眼神语言知多少

1. 专注的目光表示对对方的尊重，表示仔细倾听；而东张西望表示心不在焉；眼朝天花板或地面看，表示对对方的谈话不感兴趣。

2. 在一定的光线条件下，瞳孔会随着人们的态度和情绪的变化而放大或收缩。

（1）当人们激动或兴奋时，他的瞳孔比平时扩大4倍。

（2）当人们生气、情绪不好的时候，瞳孔收缩为通常所说的"蛇眼"。

3. 眼球运动的方式也是内心思考问题的线索。眼球运动方式通常包括以下几种：

（1）右上方　思考构想出的、想象中的图像。

（2）左上方　思考记忆中的图像。

（3）右方　思考构想出的、想象中的声音。

（4）左方　思考记忆中的声音。

4. 斜视：斜视既可以表示感兴趣，也可以表示敌意。当它同眉毛微微竖起或者同微笑结合在一起时，它表达的是感兴趣，常常被用来作为求爱的信号；当它同皱眉、眉毛下垂或嘴角下垂结合起来时，则反映了怀疑、敌对或者批评性的态度。

感悟与分享

课后拓展

观看一个电视采访节目或电视辩论、谈话节目,体会倾听技巧和非语言信息的重要性。

1. 面部表情——观察人们的眼睛、眉毛和嘴巴等。
2. 胳膊和手的姿势。
3. 脚、身体的平衡和姿势。
4. 你通过什么能看出主持人在主动倾听?
5. 人们使用了哪些非语言信息?

评价标准

关键能力课程学生课堂表现评价表

项目	A 级	B 级	C 级	个人评价	同学评价	教师评价
考勤情况	在本课题学习过程中，全部能准时到堂上课	在本课题学习过程中，迟到、早退次数不超过 2 次	在本课题学习过程中，迟到、早退次数不超过 4 次或无故旷课不超过 1 次			
活动参与情况	每次都能积极参与本小组的学习活动，没有做与学习无关的事情	能参与本小组的学习活动，个别时候在学习活动中有开小差的情况	基本不参与本小组的学习活动，或者在学习活动中经常干与学习无关的事情			
课堂学习状态情况	学习注意力集中，能全面参与老师实施的教学活动及任务，积极举手发言，并有自己的见解	学习注意力较为集中，能基本参与老师实施的教学活动及任务，能举手发言，答题中有自己的思维较少	学习注意力不集中，很少参与老师实施的教学活动及任务，很少发言，不表达自己的观点			
合作学习情况	善于与人合作，虚心听取别人的意见	能与人合作，能接受别人的意见	缺乏与人合作的精神，难以听进别人的意见			
学习效果情况	能认真参与、完成课后延展活动，认真迅速地完成课后作业，作业质量高	能参与并完成课后延展活动，能完成课后作业，但完成时间慢或完成质量一般	不参与课后延展活动，不能完成作业			

我这样评价自己：

伙伴眼里的我：

老师的话：

关键能力课程学生学习效果评价表

评价方式	评价内容				
	评价项目	评价等级			
		A	B	C	D
自评	对本节课知识的兴趣	浓厚	较浓厚	一般	弱
	本节课独立思考的习惯	强	较强	中	弱
	自信心体验到学习成功的愉悦	多	较多	一般	少
	理解别人的思路，与同伴交流的意识	好	较好	一般	弱
	在知识、方法等方面获得收获的程度	高	较高	一般	低
同伴互评	本节课发言的次数	多	较多	一般	少
	本节课学习参与程度	好	较好	一般	差
	本节课课堂练习的正确性	高	较高	一般	低
师评	上课听讲的专心程度	专注	较好	一般	有时分心
	参与教学活动的程度	高	较高	一般	低
	课堂发言反映出的思维深度	强	较强	一般	弱
	课堂发现问题的角度	多	较多	一般	少
	课堂发现问题的能力	强	较强	一般	弱
评价说明	在评价等级下，相应的栏目只选一项，打"√"				

课题四　语言沟通

语言是人们交流的最基本形式，语言符号系统是沟通的重要载体。人们主要通过语言来传递信息，它是信息沟通最有效、最便捷的方式。语言可以表现为口头的和书面两种形式。

一、倾　听

会说话是一种才能，会倾听则不仅是一种才能，也是一种修养。真正的沟通高手不是因为自己具有雄辩的天才，而是因为具有聆听他人谈话的耐心和技巧。

要想真正做到有效倾听，就要先了解哪些因素会干扰倾听，进而找出解决的办法。

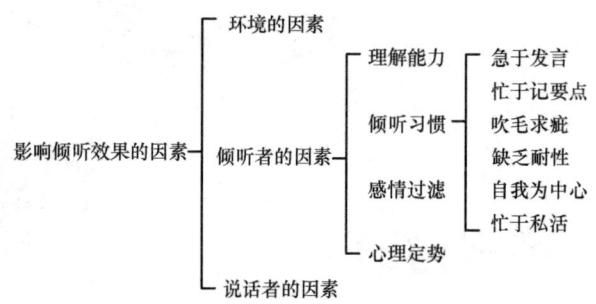

倾听的技巧：

（1）积极地倾听　采取正确态度；找到有意义的地方，并会从中学到有用的东西；别让理性因情绪失控；保持意志集中；在和别人谈话时，专注与你交谈的人，是对对方最大的奉承；让人把话说完，避免打断别人；从说话者的立场看事情，在凸凹透镜的两边会得出关于凸凹镜性质的不同的结论。

（2）反复思考听到的信息　从琐碎的事情中，挑出有用的、语言背后的感受；把握话题背后的重点；自己做判断：这是事实吗？这是好建议吗？听信这些话会有什么后果？

（3）勇于发问，检查理解力　澄清——听到和理解有一个差距，需要解释、概括等获取进一步事实，在此过程中也可整理自己的思路，同时给对方一个补充的机会。

（4）增强记忆　做笔记。

（5）做出回应　用信号表明你有兴趣；保持视线接触，并以点头等方式做出回应；建议性的回答。

二、说　　服

（一）说服的原则

1. 用真诚、可靠、权威、魅力来建立信赖感

在说服的过程中，建立信赖感是说服的基础。没有了这个基础，任何说服都不会取得理想的效果。人们往往被魅力所吸引，魅力是信赖的前提。无论是权威、财富、外表、知识与能力都是一种魅力，但最重要的还是人格魅力。一个正直诚实的人往往更容易获得他人的信任。

2. 打造信息内容，利用真理的力量，晓之以理

每个人的信念都是建立在自己认为真实的基础上的，说服别人改变观点，必须有理有据，必须利用逻辑的力量，以理服人。无论是改变他人的信仰主张、认识，还是行为，如果你没有充足的理由、新的论据材料、合理的推理逻辑，将很难达到好的说服效果。

3. 关注说服方式，依靠情感的力量，动之以情

人是情感的动物，有时候，在表达自己的意见时，光有理性的力量还不够，用诚挚而令人感动的语气，用真挚动人的情感说出来，往往更能打动人、说服人。

4. 了解说服对象，感同身受，运用同理心

当你要说服别人时，必须先了解他人，充分站在对方的立场，感同身受，体会了解，并产生、运用同理心。你需要了解以下情况：他人的意见和想法；他人的需求；他人接受你的意见方案、响应你的主张的能力；他人的性格特征以及接受你的意见的方式。

（二）说服的技巧

1. 学会提问，运用苏格拉底说服术

说服的方式有很多种，但可以肯定的是，说服的最高境界是通过提问，让被说服者自己去说服自己。问问题需要技巧，如：先从简单的问题问起、要问让对方回答"是"的问题，要问二选一的问题等。

2. 以对方的认识为起点，强调给对方带来的利益

要说服对方，必须换位思考，先承认对方的认识、态度等存在的合理性，先避开矛盾分歧，从对方的认识基点出发，先赞同或部分赞同，寻找共同点，抵消对方的抵触情绪，逐步完结对方的心理防线，以逐步扩大说服的范围，步步迫近要害和问题的关键。

3. 模仿对方，寻找相似点

物以类聚，人以群分。每个人都喜欢两类人：一是和自己一样的人，二是他希望成为的那个人。在说服的过程中，你有意识地去模仿对方，包括动作、表情、说话的语气等，就会达到意想不到的效果。

4. 名言支持法

人们相信名人和权威，在说服中，引用名人的语录或权威的理论来支持自己的结论，能增加说服力。

5. "使人信"五步定式

美国心理学家杜威提出了说服他人的"使人信"的五步定式：第一步，直截了当告诉对方某处存在某个极其严重的问题或状态；第二步，帮助对方分析研究该严重问题产生的原因；第三步，帮助对方搜集各种可能解决问题的办法，尽可能穷尽一切办法，并把自己准备提出的观点放在最后介绍；第四步，帮助对方依次分析和斟酌这些可能的解决方法；第五步，最终使对方认可并接受其中最理想的解决方法，也即最后提出你认为最正确的方法。

6. 暗示说服法

暗示说服法就是通过委婉的语言形式，把自己的思想观点巧妙地传递给对方。受暗示是人的心理特性，它是人在漫长的进化过程中形成的一种无意识的自我保护能力，它是人的一种本能。暗示有以下几种方式：借此言彼、旁敲侧击等。

7. 对比说服法

冷热水效应可以用来劝说他人，如果你想让对方接受"一盆温水"，为了

不使他拒绝，不妨先让他试试"冷水"的滋味，再将"温水"端上，如此，他就会欣然接受了。

三、演讲与即兴发言

（一）演讲

演讲又叫讲演或演说，是指在公众场所，以有声语言为主要手段，以体态语言为辅助手段，针对某个具体问题，鲜明、完整地发表自己的见解和主张，阐明事理或抒发情感，进行宣传鼓动的一种语言交际活动。其基本模式是一人讲，众人听。演讲是以讲为主，以演为辅，讲演结合的信息传播形式。

讲话或演讲是许多人的第一恐惧——其恐惧程度要高于对蛇、蜘蛛、老鼠、战争、疾病、离婚甚至死亡的恐惧！为什么？

因为当我们讲话或演讲时，我们的身体和精神全部暴露于众。在观众面前，难以避免的错误全都无处藏匿。于是，恐惧便产生了。

为了对付这种恐惧，很多人花数小时甚至数天时间来撰写演讲稿，这样做实在是浪费时间，而且获得的结果常常和期望的相反。

因为演讲稿是用句子写出来的，而我们并不按演讲稿的形式来演讲，所以演讲稿成了令人厌烦的枯燥的东西。另外，由于你总是不停地低头看那些句子，你就会经常中断与观众的目光交流。还有，因为你必须不停地抬头看观众，你又会经常搞不清念到哪里了。最重要的是，因为你必须拿着演讲稿，你那富于表现力的身体不得不禁锢在固定的姿态上，所以你从一开始便失去了50%的交流能力。

在演讲的过程中，知道说什么很重要，但是如何把话说出来也同样重要。你要把热情传达给听众，过程的把握是演讲成功的关键。

（二）三分钟即兴发言

1. 讲话前的准备

（1）克服紧张情绪

对讲话少的人来说，讲话前紧张是自然的，应该正视这种紧张，全当是丢一次丑，再紧张也得讲。那么，如何消除紧张情绪，有几种物理方法大家可以试一下：深深呼吸——眼睛微闭，全身放松，心里默默地数数，这样可以使血液循环减慢，心神就会安定下来，全身有一种轻松感；临场活动——由于紧张会使体内产生大量的热能，如果在讲话前稍加活动，双手握紧然后放松，让肌肉缩紧再放松，就会促使热量散发；闭目养神——闭目用舌尖顶上腭，用鼻吸气，可以达到安定情绪、独自幽静、怡然自得的目的；凝视物体——确定某一物体，专注凝视，并去分析它的形状，观察其颜色与远近；摄入饮料——讲话前准备一杯开水，这样可以增加唾液，保证喉部湿润，也可以稳定情绪；情绪转移——情绪转移也可以缓解紧张症状，英国有个企业家叫詹姆斯，因讲话屡次失败，怕在众人面前丢丑，每次讲话时那种紧张的场面就浮现在眼前，有次讲话前他狠狠地拧了自己大腿一把，突然感到出奇的平静，结果讲得非常成功。

（2）认真构思腹稿

在稳定情绪的同时要理清讲话思路，做到胸有成竹。构思腹稿要防止下列话题：对于不知道的事情不要冒充内行；不要在公共场所谈论别人的缺陷；不要谈容易引起争论的话题；不要到处诉苦发牢骚。

（3）了解掌握听众

每到一处讲话，即是三五成群的聊天，也要分个场合，可谓"逢场作戏"。了解听众主要有以下几个方面：文化、职业、年龄、性别等。

2. 讲话时的技巧

（1）开头的技巧

即兴讲话是一种随行就市，临场发挥的行为。所以把开头不要看得过分重要，也不要规定得过于死板，这样会限制讲话的临场发挥。开头的方式有①直入式；②引用式；③提问式。开头的方式很多，还有故事式、悬念式、自我介绍式等，希望大家以后在实践中慢慢体会。

（2）讲话中的技巧

讲话中，如同文章的正文、主体。

（3）结尾的技巧

讲话的结束语用好了能起到预想不到的效果。结尾的方式有：总结式、升华式、启发式、号召式等。

（4）学会使用合适的非语言的技巧

音质是与语言相伴随的有声的暗示信息，包括演讲的音量、音调、语速、重音和停顿等；采用放松、自然直立的身体姿势，根据场合来决定身体的移动，手势要自发而且让人感觉自然，面部表情能随着主题与情境的变化而变化，保持与听众的目光交流。

四、职业文书沟通

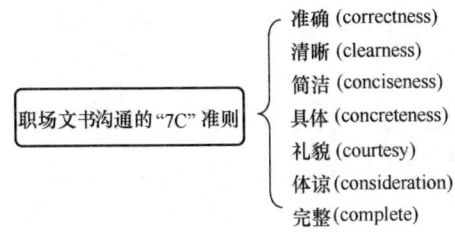

职业文书写作的一般技巧：

（1）换位思考

换位思考是一种写作风格，它要求作者从读者的角度出发，考虑读者的需求，重视读者想了解的内容，尊重读者的聪明才智。

（2）传达正能量

强调积极面，合理处理负面信息。

（3）要在书面沟通中注意书写语气

商业写作的语气应是专业的，但不僵硬，友善但不虚伪，礼貌但不卑微。

（4）突出重点内容

学会使用短词、短语、断句；把重要的信息放在段首或段尾；用不同的字体或颜色改变或下划线等做着重性的标注。

（5）按公文规范和体例要求

注重文章格式安排，学会插入图表。

活动准备

1. 角色模拟游戏：阅读"知识准备"中"倾听"部分内容，组员抽签决定角色的分配，每位组员为自己角色准备说辞。

2. 产品拍卖活动准备：阅读"知识准备"中"说服"部分内容，组内商量确定拍卖的产品。

3. 选择以下任意一个主题准备一份演讲稿并进行练习。要求演讲的意思表达完整、逻辑清晰、语言流畅。

A 家乡

B 童年

C 汽车

D 室友

任务导入

戴尔·卡耐基说："我们与这个世界交往的方式有四种，而且仅有这四种方式：我们做什么？我们看起来如何？我们说什么？我们怎么说？"俗话说"一句话可以让人笑，一句话也可以让人跳。"那么，我们该说什么？又该怎么说呢？

能力训练

活动一：角色模拟游戏——"听与说"

角色分配：

1. 孕妇：怀胎八月。
2. 发明家：正在研究新能源（可再生、无污染）汽车。
3. 医学家：经年研究艾滋病的治疗方案，已取得突破性进展。
4. 宇航员：即将远征火星，寻找适合人类居住的新星球。
5. 生态学家：负责热带雨林抢救工作组。
6. 流浪汉。

游戏背景： 私人飞机坠落在荒岛上，只有6人存活。这时逃生工具只有一个只能容纳一人的橡皮气球吊篮，没有水和食物。

游戏方法： 针对由谁乘坐气球先行离岛的问题，各自陈诉理由。先复述前一人的理由再申述自己的理由。最后，由大家根据复述别人逃生理由的完整与陈述自身理由充分的人，自行决定可先行离岛的人。

交流分享：

1. 以小组为单位，围成圈，选出6位同学扮演游戏中的6个角色进行理由的阐述，其余同学做笔录及观察、评判。
2. 由小组长组织小组成员广泛讨论，并评选出可以先行离岛的人，完成下列活动任务书。

序号	角色	先行离岛的理由	复述完整程度与陈述充分程度（满分10分）
1	孕妇		
2	发明家		
3	医学家		
4	宇航员		
5	生态学家		
6	流浪汉		

3. 由本小组推荐一名组员，代表本小组分享成果（活动任务书）。

4. 教师点评。

活动二:"产品"拍卖

任务: 以团队为单位,挑选大家都熟悉的一样东西拍卖出去。

要求:

1. 挑选最熟悉的一样东西,搜集相关的介绍资料。
2. 为你们的"产品"设计一份说明书及一句广告语。
3. 在班上进行产品说明,并拍卖。

分享:

1. 你们的产品是否成功拍卖出去?原因是什么?

2. 哪一组的产品给你的印象最深刻?为什么?

3. 在拍卖的过程中,"产品说明"属于哪种类型的沟通?你们是如何运用的?

活动三：团队活动——看图说话

要求：请一位同学描述老师提供的一幅几何图形，其他同学根据描述画出该图形。

叙述的注意事项：看图讲述，表达的内容要有条理、逻辑层次清晰；尽量少用书面语言，如不要将长方形说成矩形。

叙述顺序：

第一步：告诉大家整个图形由几种单一的几何图形构成，它们分别是什么，它们的数量是多少，它们面积之间的差别大不大，给大家一个整体的概念。

第二步，要说出它们摆放的逻辑结构，由中间到两边或由左到右或由右到左。

第三步，在叙述的过程中，要随时和其他人互动，询问大家有没有不清晰的地方，以便及时调整。

交流分享：

1. 陈述者的表达是否清楚有序？

2. 为什么没能画出正确的图形来？

3. 信息传递时的误导主要在哪个环节？

活动四：如何回复客户的投诉

你开了一家鲜花店，这一天收到一位客户的投诉信，声称邮购的植物运抵时的状况令人很不满意，全都枯萎了，有一枝在拿出盒子时竟然断了，请立刻发出赔偿的新货。

下面几封信是回复该投诉的几种选择。

第一封：

亲爱的客户：

我们搞错了你的订单，全国范围内发送花木这种货物的风险是很大的，有的植物无法承受路途的辗转。下周我们会另外给你发送一批新的花木，但不会在你的账上记下这笔费用。

第二封：

亲爱的客户：

你不满意我们的植物，我们感到很遗憾，但的确不是我们的错。包装盒上明确写着，打开后及时浇水。如果你照办了，花木一定不会有事的。

另外，所有买花的人应该知道花木需要呵护，你抓着叶子，当然，根会被拔出来的。由于你不会照顾花木，特为你寄上小册子一本：怎样养植花木。请认真阅读，以免将来发生类似的不愉快。

盼望你再来订购。

第三封：

亲爱的客户：

你的来信已经引起在下的注意。信中提到，你收到的货物情况很糟糕。在此需要指明的是，我方政策规定：对货物的任何调整必须按照订货单背面的条件和说明处理，请仔细阅读。

上写到：若欲就该订单投诉，应提交书面投诉信和货物发票给承运商，并在收货后 30 天内，向本公司详细汇报损坏情况，你的信中没有提到损坏的具体情况。

另外，送货单上没有任何特别注明，如果你有索赔的打算，请参照我公司相关的条例，将必要文件于本月 20 日下班前送达办公室。

第四封：

亲爱的客户：

我公司核查了运输中花木受损的原因，排除了运输中的失误。发现你订购的花木是由一位新工人包装的，该工人不懂得花木起运之前要彻底浇透水。我们已经开除了该工人，所以请你放心，这种事情不会再次发生。

虽然我公司为此花费几百元，但我们仍然会寄上一份新鲜花木作为赔偿。新货抵达后，请通知我方运抵时的情况。

（提示：亲爱的客户：

你将于下周收到赔偿的常青植物。这次花木起运前彻底浇透了水，而且采用了特殊包装箱。但是，如果天气过热或货车晚点，小的根球也会干，可能上次的花木就是这样受损的。但是小根球植物很容易移植，所以移植到你家的货源应该完全没有问题。

你订购的堇菜、毛地黄属于四季常青植物，明年准会在你的花园里越发漂亮。）

交流分享：

1. 每封信在满足读者和组织的要求等方面做得怎么样？

2. 信件是否清晰、完整和准确？

3. 能否节省读者的时间？

4. 有助于树立良好的信誉吗？

5. 如果是你，该如何回复？

 实例分析

• 向和尚推销梳子

四个推销员接受了一项"另类"任务，到庙里向和尚推销梳子。

第一个推销员无功而返，他认为道理非常明白："和尚的头上'寸草'不生，用不着梳子。"以这样消极的心态去进行推销，和尚们便认为推销员这样的行为是故意嘲弄自己，拿自己的光头来寻开心，一怒之下，将该推销员扫地出门了。

第二个推销员倒有所斩获，推销出了十多把梳子，他介绍经验说："我就告诉和尚们，梳子不但可以用来梳头发，还可以用来梳头皮，可以止痒，就算头不痒，念经累了，也可以梳一梳，这样能够活络经脉，十分有益于身体健康。"于是，这十几把梳子就推销出去了。

第三个推销员居然推销出了一百多把梳子，他有什么秘诀呢？这位推销员自豪地说道："我到庙里去跟老和尚分析，络绎不绝前来的虔诚香客，在庙里又烧香又磕头，有香灰落到他们的头上就相当的显眼，再磕几下头，连头发都会乱掉，香客这样灰头土脸地从庙里走出去，方丈脸上当然无光。"于是，他就建议老和尚，在每个庙堂前面都摆放一些梳子，让香客们烧香磕头后顺便梳梳头，香客们必定会备感佛祖的慈悲与关怀备至，一定程度上能够促进香客们常到庙里来上香，庙里由此便可香客盈门了。于是老和尚愉快地收下一百多把梳子。

第四个推销员不但推销出了几千把梳子，还接受了大批量订货，他是如何创造奇迹的？这位推销员解释道："我到庙里向老和尚说，现在可是市场经济社会，庙里经常收到香客们的捐赠，如果庙里连个纪念品都没有回赠，就太说不过去了。梳子便宜又实用，用来送礼最好不过了。"他还建议老和尚在梳子上刻上庙名，再印上"积善梳"三个大字，"这便能给了香客们积极的心理暗示，即梳子能够保佑他们出入平安，所以只要有香客进庙门，就送他一把，那香客在捐香油钱时就不太好意思捐太少了，同时送出去的梳子还可以提升本庙的知名度。"一番话下来，这位推销员把老和尚说得五体投地，由此，这大笔的梳子生意便敲定了。

思考：从上述案例中，你学到了什么？

感悟与分享

课后拓展

研读"知识准备"内容,按照书面沟通的"7C"准则,给自己拟一份简历,并在班上进行评比。

评价标准

关键能力课程学生课堂表现评价表

项目	A 级	B 级	C 级	个人评价	同学评价	教师评价
考勤情况	在本课题学习过程中，全部能准时到堂上课	在本课题学习过程中，迟到、早退次数不超过 2 次	在本课题学习过程中，迟到、早退次数不超过 4 次或无故旷课不超过 1 次			
活动参与情况	每次都能积极参与本小组的学习活动，没有做与学习无关的事情	能参与本小组的学习活动，个别时候在学习活动中有开小差的情况	基本不参与本小组的学习活动，或者在学习活动中经常干与学习无关的事情			
课堂学习状态情况	学习注意力集中，能全面参与老师实施的教学活动及任务，积极举手发言，并有自己的见解	学习注意力较为集中，能基本参与老师实施的教学活动及任务，能举手发言，答题中有自己的思维较少	学习注意力不集中，很少参与老师实施的教学活动及任务，很少发言，不表达自己的观点			
合作学习情况	善于与人合作，虚心听取别人的意见	能与人合作，能接受别人的意见	缺乏与人合作的精神，难以听进别人的意见			
学习效果情况	能认真参与、完成课后延展活动，认真迅速地完成课后作业，作业质量高	能参与并完成课后延展活动，能完成课后作业，但完成时间慢或完成质量一般	不参与课后延展活动，不能完成作业			

我这样评价自己：

伙伴眼里的我：

老师的话：

关键能力课程学生学习效果评价表

评价方式	评价内容					
	评价项目	评价等级			
		A	B	C	D
自评	对本节课知识的兴趣	浓厚	较浓厚	一般	弱
	本节课独立思考的习惯	强	较强	中	弱
	自信心体验到学习成功的愉悦	多	较多	一般	少
	理解别人的思路，与同伴交流的意识	好	较好	一般	弱
	在知识、方法等方面获得收获的程度	高	较高	一般	低
同伴互评	本节课发言的次数	多	较多	一般	少
	本节课学习参与程度	好	较好	一般	差
	本节课课堂练习的正确性	高	较高	一般	低
师评	上课听讲的专心程度	专注	较好	一般	有时分心
	参与教学活动的程度	高	较高	一般	低
	课堂发言反映出的思维深度	强	较强	一般	弱
	课堂发现问题的角度	多	较多	一般	少
	课堂发现问题的能力	强	较强	一般	弱
评价说明	在评价等级下，相应的栏目只选一项，打"√"				

课题五 沟通的运用

  当今,沟通能力的重要性日益体现,逐渐成为个人成功的必要条件!一个人成功的因素75%靠沟通,25%靠天才和能力。我们学的沟通技巧,是要运用到实际中的,是如何去做,而不是如何去说。懂得沟通的人最有可能做对事情、取悦上司、赢得友谊,并且把握别人错过的机会。灵活运用沟通技巧,将有助于你获得事业上的成功、生活上的愉悦、心灵上的满足。

 **课前准备**

 **知识准备**

一、校园沟通

（一）如何与室友更好地沟通

首先，要正视这一问题，多找自己身上存在的问题及对宿舍人际关系造成的影响。如自己的生活习惯是否给他人带来不便？自己的言行是否得当？若有不妥的地方，可以适当调整自己的生活习惯，改变自己的说话方式，以他人可以接受和理解的方式进行。

其次，争取多沟通多交流。不要因为大家有些误解而避免交流和沟通，而应主动与大家沟通，参与大家的讨论与活动。只有这样才能更好地了解自己和他人，消除彼此之间的误会，加强相互理解和信任。

其三，心胸宽广，对别人多加理解和包容。一个新时代的技校生应海纳百川，多吸收别人的优点；对他人的缺点，应多加理解和包容。平时对一些生活中出现的鸡毛蒜皮的纠纷，不要太耿耿于怀，该忘的忘，该原谅的原谅，该和解的和解，不要太放在心上。所谓"大事聪明，小事糊涂"，把有限的精力用在做主要的事情上，比如说，搞好自己的学习。

再次，真诚地对待他人。俗话说："种瓜得瓜，种豆得豆。"只有播种真诚，展现真实的自我，才会收获别人的真诚。因为人们无意识中在遵守"人际关系互惠"原则，你袒露真诚的程度，会得到相应的回报。有的人害怕自己的缺点被别人看到，会影响自己在别人心中的形象。心理学研究表明：人们并不喜欢一个各方面都十分完美的人，而恰恰是一个各方面都表现优秀而又有一些小小缺点的人最受欢迎。所以你不用太在意自己的缺点，对这点要有足够的信心。

最后，发自内心地赞美他人。学会欣赏、赞美他人，每天至少说一句让人感觉舒服的话，比如："你太棒了！""你这个发型很好看！"这种赞美的话语会给被赞扬者带来快乐，引起积极的情绪反应。情绪具有传染性，即也会传染给周围的人，给周围所有人带来快乐。"快乐"，则会消融人际关系的僵局，使寝室关系变得融洽。

（二）如何更好地与老师沟通

多数同学都有这样的体会：与哪个老师关系比较融洽，喜欢上哪门课，哪门成绩就好；如果与哪个老师关系不和谐也会殃及那门课，这大概也是爱屋及乌的反映吧。学生的大部分时间在学校里，就免不了和老师交往，对技校生来说，该怎样与老师交往呢？

（1）尊重老师，尊重老师的劳动

老师把几乎所有知识无私地、毫无保留地教给学生，如果他们希望得到什么回报的话，就是希望看到学生成才、成熟，在知识的高峰上越攀越远。学生要尊敬老师，见到老师礼貌地打声招呼。有句话说：师生如父子。上课认真听讲，不破坏纪律，把老师留的作业保质保量地完成。有些同学作业写得马虎、潦草，单是让老师辨认字迹都要费很多功夫，给老师增添了很多额外的工作量。经常这样，老师怎么会高兴，怎么会喜欢你呢？每个人都希望别人尊重自己，如果你跟别人说话，他爱理不理的，你会喜欢这个人吗？尊敬老师，尊重老师的劳动，是师生和谐相处的基本前提。

（2）勤学好问，虚心求教

做学生时，经常发现"那个老师并不怎么样"，"他的水平太低了"，等长大以后才知道这种看法和想法是多么天真。就像作弊者从来都认为老师发现不了，其实，只要往讲台上一站，谁在下面干什么都一目了然。老师从他的年龄、学问、阅历方面的水平肯定是高于学生的，所以，要向老师虚心求教，好问不仅直接使学习受益，还会增多、加深和老师的交流，无形中就缩短了与老师的距离,每个老师都喜欢肯动脑筋的学生。其实,向老师请教问题往往是师生间交往的第一步。除班主任外,任课老师并没有多少时间和学生直接交往,常向老师请教学习上的问题,会加深师生彼此了解和感情。

(3) 正确对待老师的过失,委婉地向老师提意见

心理学的研究发现,人们会对没有缺点的人敬而远之。其实,根本不可能存在没有缺点的人。老师不是完美的,如果他有的观点不正确,或误解了某个同学,甚至有的老师"架子"比较大,或是太严厉,这都是可能的。发现老师的不足要持理解态度,向老师提意见语气要委婉,时机要适当。如果老师冤枉了你,当面和老师顶起来吗?不行,这样不但无助于问题的解决,还会恶化师生关系。暂且忍一忍,等大家都心平气和再说。不管怎么说,老师是长者,做学生的应该把他们置于长者的位置,照顾老师的自尊心和面子。

(4) 犯了错误要勇于承认,及时改正

有的同学明知自己错了,受到批评,即使心里服气,嘴上也死不认错,与老师搞得很僵。有的人则相反,受过老师一次批评心里就特别怕那个老师,认为他对自己有成见。这都是没必要的。错了就是错了,主动向老师承认,改正就是好学生。老师不会因为谁有一次没有完成作业,有一次违反了纪律就认为他是坏学生,就对他有成见。相信老师是会全面、客观地评价学生的。

与老师关系融洽既可以促进学习,又可以学到很多做人的道理,会使你一生受益无穷。相信你能做到这一点。

二、职场沟通

(一) 与上级沟通

1. 与上司交流的原则

(1) 尊重上级,是你和上级沟通的前提。

(2) 踏实搞好本职工作,是与领导沟通的基础。

（3）摆正位置、领悟意图是与领导沟通的根本。

2. 与上司交流的技巧

（1）了解上级。包括个性、工作作风、需求、好恶等。

（2）树立与上司主动沟通的意识：多请示、勤汇报。

3. 如何向上司提建议

（1）不要否定和批驳上司的意见，不擅权越位。

（2）灵活变通，让自己的想法被上司接受。

（3）必要时也要说"不"。

（二）与同事沟通

1. 与同事沟通的基础

（1）要以诚相待，平等对待同事。

（2）要学会尊重同事。

（3）对同事要宽容。

2. 与同事沟通的技巧

（1）灵活表达观点。

（2）赞美常挂嘴边。

（3）务必少争多让。

（4）与同事勤联络。

3. 与同事沟通的忌讳

（1）切忌背后打小报告。

（2）切忌将所有责任背上身。

（3）和同事交朋友一定要谨慎。

三、生活沟通

（一）与陌生人的沟通

1. 与陌生人沟通的原则

(1) 不独占谈话时间，话题不能以自我为中心　善谈虽是一件好事，但是不能谈起来就只顾发表自己的意见，而不给对方发言的机会。谈话是双方共同的活动，对方不仅是听者，还应该是参与者。

(2) 要注意谈话主题的选择　不同的谈话主题会有不同的谈话氛围和效果。谈话的主题，应该尽可能选择对方感兴趣的或喜欢听的。如日常生活方面的话题。

(3) 认真倾听对方讲话，不自吹自擂　与陌生人交谈，要能够认真倾听对方的意见和见解，这是尊重对方的一种表现。

(4) 初次见面要计划周密，尽量多了解对方的基本情况　有备才能无患。一个人若想与陌生人顺利沟通，前提就是要尽量多地了解对方。了解越多，沟通越容易。

2. 与陌生人沟通的技巧

(1) 克服心理障碍　心理学家研究发现，导致人们不能主动与陌生人交往的原因，主要是担心自己的主动交往不会得到对方的积极响应，从而使自己陷入窘迫、尴尬的境地，进而伤及自尊。此外，心理负担也是造成不能主动结交陌生人的原因之一。在主动与陌生人谈话前，有人可能会产生这种想法："先同别人打招呼，会不会显得自己低贱呢"，"我这样打扰人家，人家没准会烦的"，"彼此互不相识，人家会不会怀疑我居心不良"等。正是这些心理负担阻碍了我们与陌生人交往的积极性，使我们失去了很多结识别人、发展友谊的机会。克服与陌生人交往的心理障碍的有效方法有：进行自我鼓励，进行自我安慰，多进行实际磨炼。

(2) 改变自身的不足　我们面对陌生人的时候，要想有效地吸引对方，赢得对方的喜欢，就必须具备在交往中使对方喜欢接近的性格特质。如果你通过努力改变自我，塑造吸引对方的性格特质，那么即使是陌生人，也会很快就喜欢你，乐于接近你，与你做朋友。一般来说，能够吸引陌生人的性格特质有：亲切、随和、善解人意、不卑不亢、尊重他人。

(3) 寻找切入点，谈论对方感兴趣的话题　初次与陌生人见面，就要找到一个合适的话题，使谈话融洽自如。好话题，是初步交谈的媒介，是深入沟通的基础，是开怀畅谈的开端。

（4）初次交往要把握分寸　与人交流，畅所欲言固然重要，但也要谨言慎行，掌握好说话的分寸，切忌闯入他人的"禁区"。触及别人的隐私，别人则会对你敬而远之。

（二）与朋友的沟通

外国成功学有"友谊网"之说，认为喜欢别人，又能让别人喜欢的人，才是世界上最成功的人。在工作生活中，我们需要各种各样的朋友，多交朋友，就是积累人生财富。

怎样去交朋友：

（1）挤时间交朋友　不可否认，现代人的生活节奏较快，要想去特意交朋友，可能就要挤时间了。不过，能得到珍贵的友谊，就算牺牲点时间也是值得的。少看一部小说或少看一部电影，就能挤出交朋友的时间了。

（2）多与对方联系　长时间不联系，关系难免会冷淡。别忘了经常给朋友打电话，问长问短以加深感情，这是保持友谊必不可少的行为。

（3）尊重对方的习惯　每个人的性格、脾气和修养都各不相同，为人处世的方式方法也各有异同。对朋友不必吹毛求疵，更不要把自己的观点强加于人。

（4）切忌斤斤计较　朋友之间的交往要本着宽容、大度的原则，如果凡事都斤斤计较，那么就别想交到长久的朋友。

（5）接受帮助　对朋友，人们当然要付出。不过，有些时候，对方想要帮助我们的时候，我们也要以平和的心态接受帮助。正所谓"一个好汉三个帮"。

（6）交朋友要有所选择　人们交朋友的目的：一是可以让生活充实、丰富；二是有利于工作。我们在交朋友的时候，一定要有所选择。一不小心交了不该交的朋友，可能会给我们带来麻烦和苦恼。

（三）与长辈的沟通

家人相处，即使是再和谐的家庭，也会有这样或那样的矛盾。这些矛盾产生的根源可能就在于沟通不畅。"不听老人言，吃亏在眼前"，这句话有着深刻的人生道理。老年人对一些事物的深刻认识是年轻人所不能达到的。所以说，多与父母交谈，能增长见识，开启心智，获得人生经验。

学会倾听父母的讲话，多陪父母聊聊天，从小事着手，常回家看看，给老人"减负"。

沟通是需要相互之间的尊重，不是一方来完成的，这也是任何交流和人际关系的准则。用心去倾听彼此的观点，从更多的角度去思考，爱是在保存自己的尊严和个性前提条件下感情的交流行为。真正的爱就是对所爱对象的生命和成长的积极关心，爱具有的品质：尊重、关心、理解、谦和、勇气、真诚、自制和责任感。

（四）自我沟通

自我沟通也称内向沟通，即信息发送者和信息接收者为同一个行为主体，自行发出信息，自行传递，自我接收和理解。自我沟通的表现形式，一般表现为自我反省、自我学习、自我陶醉、自我安慰、自我消遣、自我发泄、自言自语、自问自答等各种形式。经过这些形式，调整好自己的情绪，使自己充满自信地投入工作。

自我沟通的法则：

（1）遇到任何问题、状况与事情时，不要怨天尤人，怪别人甚至怪老天无眼，而是要冷静下来先想想自己，做自我检测与沟通。

（2）自我沟通的首要条件，即在于认知自己的不足、障碍、限制等问题到底在哪里。

（3）认知后，接着必须动心，用心去感觉、去体悟，使自己的心开放，增加自我沟通的内心动力。

（4）心动不如马上行动，当自己内心的动力增强后，即刻付诸实践，让行动发挥出自我沟通的充分效果。

（5）自我沟通非一蹴而就，必须持续不断一次又一次的为之，不可心急或求速效，而必须慢慢的、一步一步来，方能真正达到自我沟通的确实效果。

活动准备

通过上网、阅读报纸杂志等途径，选择个人感兴趣的 6 个话题，摘抄观点或个人写作，形成 200 字左右的书面材料（共 6 份不同的材料）。

任务导入

"见什么人说什么话，到什么山唱什么歌"，在生活中，有些人很会说话，和不同的人用不同的方式说话。比如，商场里的售货员，见到男顾客，称赞其理智、有眼光；见到女顾客，称赞其美貌、年轻。这样会说话的人也不在少数，有人认为，"见什么人说什么话"是虚伪的表现，其实这是一种片面的理解。

大千世界，每个人的心理特点、脾气秉性、语言习惯各不相同，所以，不能用统一的方式来进行沟通交流。因而，针对不同的人采取不同的沟通方式，是很有必要的。

活动：回旋沟通

活动程序：

1. 每 12 人一组并围成圆圈，每组一至二报数，数一的人向圈内走一步站在内圈，再向后转，与外圈者一对一，面对面。

2. 老师说出话题一，内圈先讲，外圈同学听，两分钟后，换外圈同学讲，内圈听，也是两分钟。

3. 老师换第二个话题，此时内圈的人向左移一个位子，外圈人不动，以同样方式进行。如此进行完 6 个话题，让学员有机会与不同的人沟通。

活动规则：

1. 讲述者必须用第一人称来表述自己的观点。
2. 倾听者不得打断或反驳。
3. 交谈双方不得将话题岔开。

交流分享：

1. 内、外圈成员分享活动后的感受。

2. 内、外圈成员分别推选出对方的最佳倾听者，并说明为什么。

3. 内、外圈成员推选对方最佳发言者。

4. 内、外圈成员归纳活动的意义。

实例分析

阅读故事,完成相关思考问题,并在小组内分享。

• 潮汐的转变

不久前我又遇上了大多数人都会不时碰到的问题,干什么事都没劲,没有精神、没有兴趣,并对工作产生可怕的影响。每天早上我必须咬着牙对自己说:"今天生活又开始了,你必须去度过它。"

但随着这些无聊日子的延续,我越来越麻木了,后来我决定去访问我的一位朋友。他不是心理医生,但比我大,很有智慧和同情心。我很可怜地说:"我不知道哪儿不对,但好像我要完了,你能帮我吗?"

他仔细看了我一会儿,慢慢地说:"我不知道。"接着他又突然问我小时候在哪里最快乐。

我说:"我想在沙滩上,我们在那里过了一个夏令营。"

他看着窗外说:"你能遵照我的建议去度过一天吗?"

我说:"行。"

他要我第二天早上到沙滩上去,一个人,9点钟以前到。我能带一些午餐,但我不能阅读和写东西,不能听收音机,不许与任何人交谈。他说:"另外,我要给你一些处方,每三个钟头用一次。"

然后他撕下四张空白纸,每张写了几个字,折叠好,编了号,再递给我说:"上午9点、12点,下午3点和6点各看一张。"

"你没开玩笑吧?"

"当你打开我的纸条后,你不会认为我在开玩笑。"

第二天早上我没什么信心，驾车到了沙滩。我坐在车里，只有我一个人，我打开了第一张纸条，写着："仔细听。"

我心想："这家伙一定疯了。"他剥夺了我听音乐和新闻，以及与人会话的权利。我听什么呢？我抬起头仔细听，只有海浪声、风的呼啸、头顶上飞机飞过时的轰鸣，这些都很熟悉。

我走出汽车，我问自己："我是不是该仔细听这些声音？"

我爬上沙丘俯视沙滩。这里只有海的怒吼，它太响了，别的什么都听不到。这时，我突然想，一定还有其他声音——风吹过沙滩，沙丘上草被风吹过的声音——如果我到跟前听的话。

我突然一个冲动，把头埋进沙丘中。我发现，如果你用心听，就有一个似乎一切都停止的时刻出现。在那一刻你真正地倾听自身之外的声音时，你就没有任何杂念，思维停止了。

我又回到车上继续仔细听。我想起了儿时上过的课，我想了很多。

中午风吹散了云，海更亮了，我打开了第二张纸条："努力回到过去。"为什么要回到过去？我的麻烦都在现在和以后。

我下了车沿着沙丘走着，我的朋友让我来这里，是因为这里有快乐的记忆。也许这里有我应该去回忆的、但已经快忘却的快乐。我试着去唤醒记忆，尽可能详细地回忆，包括他们穿的衣服和举止，我要听到他们的声音和笑声。我走到我和弟弟20年前最后一次钓鱼的地方（他在一次车祸中去世）。我发现如果我闭上眼睛努力去想，我能栩栩如生地见到他，甚至那天他眼里的幽默和热情。

事实上，我看到了一切。我钓鱼的海滩，太阳升起的天空，风的呼啸，清楚且缓慢，我能看见他摔鱼时的样子，听见他的叫声。一件又一件，在时间的流逝中清楚地想了起来，然后这一切又都回去了。我慢慢坐下去，努力回到过去。

这时感觉时间过得快起来，我又想起了儿时的一些事，想起了与父亲和兄弟相处的往事。

3点钟前，没有涨潮，波浪声就像巨人在呼吸。我站在那儿感到放松和满足，心想这处方还很容易做。

时间到了，我又打开下一张纸条："重新审视你的动机。"我最初感觉是抗拒，我自言自语："我的动机没有问题，每个人都想成功，得到承认，更加安全。"

这时，我心中一个声音在说："也许，那些动机还不够好，这可能就是事情不顺利的原因。"我想，我希望在工作中得到自己努力付出后应得到的回报，工作已经成为赚钱的手段，贡献点什么或帮助他人的感觉已经消失了。

突然我领悟了，我感到如果动机错了，就不会有什么是对的，不管你从事什么工作，它都一样。只要你感到你在为他人，帮助别人，你就会做好工作；但当你只想着帮自己，你就做不太好，这千真万确。

我在那儿坐了很久，听着波浪声。我在沙滩上待的时间快到了。我对这位医生，对他随意开出来又精心设计的药方感到敬佩。现在我觉得这种方法应该对任何面对困难的人都很有价值。

仔细听：使大脑平静下来，停下来，把注意力转向外面的事。努力回到过去：既然人脑一次只能把握一个主意，所以当你回忆过去的好时光时，忘掉现在的烦恼。重新审视你的动机：这是治病最困难的核心所在，但头脑必须清楚且高兴做这个。

最后我打开了最后一张处方，上面写着："在沙滩上写下你的烦恼。"

我扔掉了纸拿起了一只海螺，跪下来，在沙滩上写了很多，然后我走了，不回头看一眼。我已经把烦恼写在沙滩上了。这时潮汐来了。

交流分享：

1. 试分析"我"在海边一天的心理转变过程，你认为可以分为几个阶段？

2. "我"来到沙滩后,采取了哪些策略来认识自我?哪些是有效的,起什么作用?

3. 在海边与"我"沟通的对象是谁?

4. 审视自己的动机,在"我"的转变过程中起什么作用?

5. 如果"我"不去海边沙滩,而是待在家里,这些"处方"还有效吗?为什么?

6. 除了这里作者提到的四点策略外,你还可以开出什么别的处方?

7. 请你就这个实例谈谈你的感受和启示。

感悟与分享

课后拓展

运用该课题的内容,完成访谈任务,并做相关的记录。

(1)访谈对象:一位非本班级的任课教师及一位非本班级的学生。

(2)访谈问题:谈谈你所了解的技校生在人际沟通中有哪些表现(包括好的方面及较不理想的方面)?

(3)任务:请为你的访谈设计相应的开场白及提问方式,并记录访谈的主要内容。

评价标准

关键能力课程学生课堂表现评价表

项目	A级	B级	C级	个人评价	同学评价	教师评价
考勤情况	在本课题学习过程中，全部能准时到堂上课	在本课题学习过程中，迟到、早退次数不超过2次	在本课题学习过程中，迟到、早退次数不超过4次或无故旷课不超过1次			
活动参与情况	每次都能积极参与本小组的学习活动，没有做与学习无关的事情	能参与本小组的学习活动，个别时候在学习活动中有开小差的情况	基本不参与本小组的学习活动，或者在学习活动中经常干与学习无关的事情			
课堂学习状态情况	学习注意力集中，能全面参与老师实施的教学活动及任务，积极举手发言，并有自己的见解	学习注意力较为集中，能基本参与老师实施的教学活动及任务，能举手发言，答题中有自己的思维较少	学习注意力不集中，很少参与老师实施的教学活动及任务，很少发言，不表达自己的观点			
合作学习情况	善于与人合作，虚心听取别人的意见	能与人合作，能接受别人的意见	缺乏与人合作的精神，难以听进别人的意见			
学习效果情况	能认真参与、完成课后延展活动，认真迅速地完成课后作业，作业质量高	能参与并完成课后延展活动，能完成课后作业，但完成时间慢或完成质量一般	不参与课后延展活动，不能完成作业			

我这样评价自己：

伙伴眼里的我：

老师的话：

关键能力课程学生学习效果评价表

评价方式	评价内容				
	评价项目	评价等级			
		A	B	C	D
自评	对本节课知识的兴趣	浓厚	较浓厚	一般	弱
	本节课独立思考的习惯	强	较强	中	弱
	自信心体验到学习成功的愉悦	多	较多	一般	少
	理解别人的思路，与同伴交流的意识	好	较好	一般	弱
	在知识、方法等方面获得收获的程度	高	较高	一般	低
同伴互评	本节课发言的次数	多	较多	一般	少
	本节课学习参与程度	好	较好	一般	差
	本节课课堂练习的正确性	高	较高	一般	低
师评	上课听讲的专心程度	专注	较好	一般	有时分心
	参与教学活动的程度	高	较高	一般	低
	课堂发言反映出的思维深度	强	较强	一般	弱
	课堂发现问题的角度	多	较多	一般	少
	课堂发现问题的能力	强	较强	一般	弱
评价说明	在评价等级下，相应的栏目只选一项，打"√"				

课题六 生活礼仪

子课题一 个人礼仪

《文汇报》曾有一篇报道,题目是《一口痰"吐掉"一项合作》。说某医疗器械厂与外商达成了引进"大输液管"生产线的协议,第二天就要签字了。可当这个厂的厂长陪同外商参观车间的时候,习惯性地向墙角吐了一口痰,然后用鞋底去擦。这一幕让外商彻夜难眠,他让翻译给那位厂长送去一封信:"恕我直言,一个厂长的卫生习惯可以反映一个工厂的管理素质。况且,我们今后要生产的是用来治病的输液皮管。贵国有句谚语:人命关天!请原谅我的不辞而别……"一项已基本谈成的项目,就这样被"吐"掉了。

一个人的举止风度不仅仅代表自己的形象,体现自己的教养,在一定的场合,个人行为代表组织行为,个人形象代表组织形象。所以,必须养成良好习惯,提高个人修养,从小处做起,商机才不会溜走。

课前准备

知识准备

一、礼仪的界定

礼仪是对礼节、仪式的统称,它是指在人际交往中,自始自终地以一定的、约定俗成的程序、方式来表现的律己、敬人的完整行为。礼貌是礼仪的基础,礼节则是礼仪的基本组成部分。

二、礼仪的特征及原则

1. 礼仪的特征

规范性:礼仪不仅约束着人们在一切交际场合的言谈话语、行为举止,使之合乎礼仪,而且也是人们在一切交际场合必须采用的一种"通用语言",是衡量他人与判断自己是否自律、敬人的一种尺度。

限定性:礼仪主要适用于交际场合,适应于普通情况之下的、一般的人际交往与应酬。

操作性:切实有效,实用可行,规则简明,易学易会,便于操作。

传承性:任何国家的礼仪都具有自己鲜明的民族特色,任何国家的当代礼仪都是在本国古代礼仪的基础上继承、发展起来的。

时效性:礼仪具有鲜明的时代特点,它是与时代同步,能适应新形式、新要求的。

2. 礼仪的原则

遵守：在交际应酬之中，每一位参与者都必须自觉、自愿地遵守礼仪，以礼仪去规范自己在交际活动中的一言一行、一举一动。

自律：学习、应用礼仪，最重要的就是自我要求、自我约束、自我控制、自我对照、自我反省、自我检点。

敬人：所谓敬人原则就是要求人们在交际活动中，与交往对象既要互谦互让、互尊互敬、友好相待、和睦相处，更要将对交往对象的重视、恭敬、友好放在第一位。

宽容：宽容原则的基本要义是要求人们在交际活动中运用礼仪时有容乃大。既要严以律己，更要宽以待人。要多容忍他人，多体谅他人，多理解他人，而千万不要责备求全、斤斤计较、过分苛求、咄咄逼人。

平等：对任何交往对象都必须一视同仁，不能厚此薄彼，区别对待，给予不同的待遇，这便是礼仪中平等原则的基本要求。

从俗：必要时要坚持入国问禁、入乡随俗、入门问讳，与绝大多数人的习惯做法保持一致，不要对他人指手画脚，否定其他人的习惯性做法。

真诚：真诚的原则要求在人际交往中，务必待人以诚，诚心诚意，诚实无欺，言行一致，表里如一。

适度：适度的原则要求运用礼仪时，要特别注意把握分寸，认真得体。因为凡事过犹不及。

沟通：沟通的原则要求人们在人际交往中既要了解对方，更要为交往对象所了解。

互动：所谓"互动"，具体含义有二：一是要求人们在交往中必须主动进行换位思考，善解人意；二是要求人们在交往中要时时处处做到"交往以对方为中心"。

三、仪容礼仪

社交礼仪对个人仪容的首要要求是：仪容美。它具体含义有三层：首先，要求仪容自然美——它是指仪容的先天条件好，天生丽质；其次，要求仪容修饰美——它是指依照规范与个人条件，对仪容进行必要的修饰，扬长避短，设计、塑造出美好的个人形象；最后，是仪容内在美——它是指个人通过培养出自己高雅的气质与美好的心灵，使自己秀外慧中，表里如一。

1. 头发

修饰头发应该注意的问题有四个方面：勤于梳洗、长短适中、发型得体、美发自然。

2. 面容

修饰面容首先要做到面必洁、须必理。

3. 手臂

手掌要经常洗涤，指甲要定期修剪，大体上应每周修剪一次，手掌若发现死皮，应立即将其修剪掉；修饰肩臂，最重要的就是这一条，着装时肩臂的露与不露，应依照具体场合而定。

4. 腿部

在正式场合，不允许男士的着装暴露腿部；女士越是正式的场合，裙子应越长。

5. 化妆的原则及礼规

（1）化妆的原则　美化、自然、得法、协调。

（2）化妆的礼规　勿当众化妆、勿在异性面前化妆、勿使化妆妨碍他人、勿使妆面出现残缺、勿借用他人化妆品、勿评论他人的化妆。

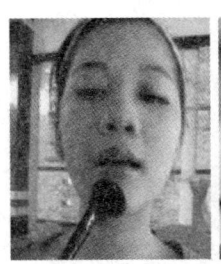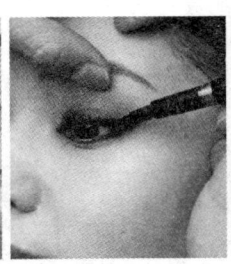

四、举止礼仪

举止礼仪在人际交往中十分重要，尤其是在正式场合，要遵守举止有度的原则。它要求人们的举止合乎约定俗成的行为规范，做到"坐有坐相，站有站相"。具体说来，就是要求人的行为举止要文明、优雅、敬人。

1. 手姿

垂放：垂放是最基本的手姿。其做法有二：一是双手自然下垂，掌心向内，叠放或相握于腹前；二是双手伸直下垂，掌心向内，分别贴放于大腿两侧，多用于站立之时。

背手：多见于站立。

鼓掌：以右掌心向下，有节奏地拍击掌心向上的左掌。

2. 立姿

人一般的立姿为立正、稍息与跨立。立姿的基本要求是：头端、肩平、胸挺、腹收、身正、腿直、手垂。

男士站姿：一般应双脚平行，大致与肩同宽，全身正直，双肩稍微向后展，头部抬起，双臂自然下垂伸直，双手贴放于大腿两侧。

女士站姿：女士在站立时，通常应当挺胸、收额、目视前方，双手自然下垂，叠放或相握于腹前，双腿基本并拢，不宜叉开。

3. 坐姿

就坐：即走向座位直到坐下来等一系列过程，它是坐姿的前奏，也是其重要的组成部分。在就坐过程中要注意四点：注意顺序，就坐时要讲究先后顺序，礼让尊长；讲究方位，在正式场合一定要遵守"左进左出"的原则；落座无声，在就坐的整个过程中都不应发出嘈杂之声；离座谨慎，离座时要注意礼仪顺序，不要发出声音。

坐定：在正式场合和有尊者在的情况下，坐下之后不应坐满位子，大体占据 2/3 的位置即可。

挺直上身，头部端正，目视前方，不可身靠座位的背部。在正规场合，上身与大腿、大腿与小腿应当均为直角。男士就座后双腿可张开一些，但不应大于其肩宽；女士就座后，特别是身着短裙时一定要并拢大腿。正坐时应掌心向下，叠放于大腿之上；侧坐时，双手以叠放或相握的姿势放置于身体侧向的那条大腿之上。

4. 行姿

对于行姿的总的要求是：轻松、矫健、优美、匀速。行走时，应以正确的立姿为基础，并且要全面、充分地兼顾一下六个方面：全身伸直，昂首挺胸；起步前倾，重心在前；脚尖前伸，步幅适中；直线前进，自始至终；双肩平稳，双臂摆动；全身协调，匀速前进。

五、服饰礼仪

服装被视为"人的第二肌肤",既可蔽体遮羞,又可美化人体,体现个性。不仅如此,在正式场合,它还具有反映社会分工,体现地位、身份差异的社会功能。

1. 面料

制作在正式的社交场合所穿的服装,宜选择纯棉、纯毛、纯丝、纯麻制品。

2. 色彩

色彩通常是服装留给人们记忆最深的印象之一,是服装穿着成败的关键所在。

色彩的搭配有以下几种方法可循:

(1) 统一法

配色时应当尽可能地采用同一色系之中各种明度不同的色彩,按照深浅不同的程度进行搭配,以便创造出和谐之感。

(2) 对比法

在配色时运用冷暖、深浅、明暗等两个特性相反的色彩进行组合的方法。

(3) 呼应法

即在配色时在某些相关的部位刻意采用同一种色彩,以便使其遥相呼应,产生美感。

(4) 点缀法

在采用统一法配色时,在某个局部小范围里选用其他某种不同的色彩加以点缀美化。

(5) 时尚法

在配色时酌情选用届时正在流行的某种色彩。

正装的色彩必须遵循"三色原则",即正装的色彩一般应为单色、深色,并且应当无任何图案,整体上控制在三种颜色以内。

3. 款式

依照礼仪规范和惯例,在不同的场合,应选择不同款式的服装。

(1) 公务场合

公务场合对于服装款式的基本要求是:庄重、保守、传统。适用于公务场合的服装款式为:制服、套装、套裙、工作服等。

(2) 社交场合

社交场合对于服装款式的基本要求是:典雅、时尚、个性。适应于社交场合的服装款式为:时装、礼服、民族服装及个性化服装等。

(3) 休闲场合

休闲场合对于服装款式的基本要求是:舒适、方便、自然。适应于休闲场合的服装款式为:家居装、牛仔裤、运动装、沙滩装等。

4. 着装

依照社交礼仪,着装要赢得成功,进而做到品位超群,就必须兼顾其个体性、整体性、整洁性、文明性、技巧性。

着装要坚持个体性，具体来讲有以下两层含义：着装应当照顾自身的特点；着装应创造并保持自己所独有的风格，在允许的前提下，着装在某些方面应当与众不同。

着装要坚持整体性，重点要注意两方面：要恪守服装本身约定俗成的搭配，要使服装各个部分相互适应。

着装所要坚持的整洁性，应体现于下述几个方面：着装应当整齐，着装应当完整，着装应当干净卫生。

文明着装的具体要求是：忌穿过露的服装，忌穿过透的服装，忌穿过短的服装，忌穿过紧的服装。

着装的技巧性，要求在着装时依照其具体的穿法而行，要学会穿法、遵守穿法。

活动准备

1. "最美的你、我、他"活动准备

（1）利用课余时间学习"仪容礼仪"的相关知识。

（2）挑选一张自己认为最美的全身免冠照，没有的也可以挑选一张自己认为最美的其他人的全身免冠照片。

（3）用纸条写下你认为这张照片为什么最美的理由。

（4）按照你认为的最佳标准，对你的仪容进行修饰。

2. "综合情景剧模拟训练"活动准备

（1）利用课余时间学习"礼仪"的相关知识。

（2）根据老师给的礼仪综合情景剧模拟训练任务书，设计一个最能反映该任务的情景表演剧剧本，并进行相关排练。

（3）根据剧本要求，准备好相关道具，有困难的部分可向老师提出申请帮助。

任务导入

观赏视频：俞敏洪——仪容在求职过程中的重要性。

能力训练

1. "最美的你、我、他"活动

（1）展示同学们收集的照片，6张一组。

（2）请照片的挑选者说出挑选这张照片的理由。

（3）让各小组根据"知识准备"的内容，点评每组照片，选出一组中最劣的。

（4）最后同学们对最劣的"六朵金花"提出具体的修饰意见，并让"模特"根据修改意见重新拍照。

2. 基本"举止礼仪"专项训练

（1）观看周思敏的"举止礼仪"视频。

（2）男女"站姿"专项训练。

（3）男女"坐姿"专项训练。

（4）男女"走姿"专项训练。

（5）男女"蹲姿"专项训练。

3. 综合情景模拟训练

（1）自编、自导、自演情景剧。内容包括：仪容、服饰、站姿、坐姿、走姿、语言礼仪等。

（2）先分小组进行表演，然后由老师、学生点评，最后进行评分。

（3）每四人一组，如需要可另请同学客串，但客串同学不计分；自己设定一情景，内容包括：仪容、站姿、坐姿、走姿、服饰、打扮、语言礼仪等内容。少一项扣10分。出场后先有同学介绍剧情、人物。

实例分析

　　公司最近对吊带衫过敏，因为不久前发生的一件事。LINA是我们公司公认的紧追潮流之人，她喜欢新鲜的东西，喜欢流行，喜欢做弄潮儿，那种独领风骚的感觉对她极具诱惑。所以，日常生活中，她对时尚的东西特别感兴趣，也特别喜欢模仿。在很多地方，她的模仿还比较成功，唯有今年，因为疏忽，差点落下话柄。

　　也许是因为工作关系，LINA有两个明显的特征：嗓门大、皮肤黑。今年夏天特别流行吊带衫和吊带裙，对于一个赶时髦之人当然是个不容错过的机会。在高温尚未降临的时候，她已经为自己准备了一系列的吊带装，就等高温一到，全面出击。其实，她的肤色做了这个行业后变得更黑，尤其是那些沉淀的色块，让她的肤色看起来还有点脏兮兮的。冬天，还可以把身体全部包裹在衣服里，只有脸和脖子在外面，还算好打理；但一到夏天，就麻烦了。

　　前几天，LINA兴冲冲地穿着她早已准备好的吊带裙来到公司。看着同事们迎面而来的异样目光，LINA兴奋了、得意了。没想到，没过一会儿，她便被部门主管叫进办公室，开始了一番训话：公司职员的衣着代表着我们这个公司的形象，你现在穿成这样给客户看到，就会在他们心中形成一种不良的印象，客户会认为我们公司很不正规，形象没有了，往后公司还要怎么发展！

　　从这以后，LINA在公司再也没有穿过吊带装。而且，她似乎在慢慢改变自己的穿衣风格，虽然依旧赶时髦，但不再盲目。那番警示，让LINA开始变得成熟起来。

　　我一直这么认为，八小时以外的穿着纯属个人的爱好，你可以强调个性与爱好，但办公室里的衣着就不能太随心所欲了。因为公司是个团队，每个办公室里的人都是其中的一分子，不再是独立的个体，应该要顾及到团队的文化和氛围。

　　思考：对比，你有何看法？

感悟与分享

课后拓展

在全校范围内组织一次"'轻工杯'服装礼仪大赛"。

借鉴材料：

1. 策划背景。

2. 大赛宗旨。

3. 大赛主题。

4. 大赛宣言。

5. 大赛副题。

6. 大赛组织：

（1）主办：

（2）承办：

（3）协办：

（4）各友情赞助单位：

（5）媒体支援：

（6）机构设置（暂行）：

A 组委会： 主任： 秘书长： 副秘书长：

B 办公室：

C 策划执行：

D 后勤管理：

E 形象总监：

F 法制顾问：

7. 大赛日程安排（暂行）：

（1）报名：

（2）初赛：

（3）复赛：

（4）决赛：

（5）颁奖：

8. 大赛地点：×××

9. 大赛内容：

本次大赛共分为两个组（即男生组、女生组）举行，并以报名—初赛—复赛—决赛—颁奖的形式举行。其中，初赛采取"低分快速淘汰制"，淘汰比例为1/3，另外2/3进入复赛，并将组织相关培训；决赛采用现场亮分制，决出冠、亚、季军及"十佳奖"各一名，优秀奖若干名，并统一发奖牌及荣誉证书。

10. 比赛环节：

（1）自我介绍：内容为个人性格、经历、才能等，时间不超过1分钟。

（2）形象展示：整体形象、气质、服饰搭配。

（3）才艺表演。

（4）知识面考察：试题包括一些基本常识及冠名单位的内容，以提问的形式进行，时间不超过5分钟。

11. 评分标准：

（1）形象气质：20分。

（2）综合素质：20分。

（3）才艺表演：30分。

（4）回答问题：20分。

（5）自我介绍：10分。

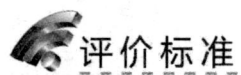

评价标准

关键能力课程学生课堂表现评价表

项目	A级	B级	C级	个人评价	同学评价	教师评价
考勤情况	在本课题学习过程中，全部能准时到堂上课	在本课题学习过程中，迟到、早退次数不超过2次	在本课题学习过程中，迟到、早退次数不超过4次或无故旷课不超过1次			
活动参与情况	每次都能积极参与本小组的学习活动，没有做与学习无关的事情	能参与本小组的学习活动，个别时候在学习活动中有开小差的情况	基本不参与本小组的学习活动，或者在学习活动中经常干与学习无关的事情			
课堂学习状态情况	学习注意力集中，能全面参与老师实施的教学活动及任务，积极举手发言，并有自己的见解	学习注意力较为集中，能基本参与老师实施的教学活动及任务，能举手发言，答题中有自己的思维较少	学习注意力不集中，很少参与老师实施的教学活动及任务，很少发言，不表达自己的观点			
合作学习情况	善于与人合作，虚心听取别人的意见	能与人合作，能接受别人的意见	缺乏与人合作的精神，难以听进别人的意见			
学习效果情况	能认真参与、完成课后延展活动，认真迅速地完成课后作业，作业质量高	能参与并完成课后延展活动，能完成课后作业，但完成时间慢或完成质量一般	不参与课后延展活动，不能完成作业			

我这样评价自己：

伙伴眼里的我：

老师的话：

关键能力课程学生学习效果评价表

评价方式	评价内容				
	评价项目	评价等级			
		A	B	C	D
自评	对本节课知识的兴趣	浓厚	较浓厚	一般	弱
	本节课独立思考的习惯	强	较强	中	弱
	自信心体验到学习成功的愉悦	多	较多	一般	少
	理解别人的思路，与同伴交流的意识	好	较好	一般	弱
	在知识、方法等方面获得收获的程度	高	较高	一般	低
同伴互评	本节课发言的次数	多	较多	一般	少
	本节课学习参与程度	好	较好	一般	差
	本节课课堂练习的正确性	高	较高	一般	低
师评	上课听讲的专心程度	专注	较好	一般	有时分心
	参与教学活动的程度	高	较高	一般	低
	课堂发言反映出的思维深度	强	较强	一般	弱
	课堂发现问题的角度	多	较多	一般	少
	课堂发现问题的能力	强	较强	一般	弱
评价说明	在评价等级下，相应的栏目只选一项，打"√"				

子课题二　交往礼仪

古代的时候有一个男人,他想要去一座寺庙,于是来到了一个陌生的城镇。走着走着,他越来越迷茫,不知道该往哪里走。这时,他身边刚好有一个老伯伯走过,他一下挡在老伯伯面前,大声吼道:"喂,老头儿!快告诉我××寺庙在哪里!还有多远啊!"老伯伯望了望他,平静地说:"无礼(五里)。"于是那个男人往前走了五里,可是还看不到他想要到的那座寺庙。这时候,他寻思着老伯伯的话,突然明白了什么……

一、称　　呼

称呼通常是指人们在日常交往应酬中,所采用的彼此之间的称谓语。在人际交往中,选择正确、适当的称呼,反映着自身的修养、对对方尊敬的程度,甚至还体现着双方关系发展所达到的程度和社会的风尚。根据社交礼仪的规范,选择正确、适当的称呼有三点应当注意:其一,要合乎常规;其二,要照顾习惯;其三,要入乡随俗。

1. 生活中的称呼

与自己有直接或间接拥有血缘关系者按业已约定俗成、人所共知的称谓进行称呼。面对外人时，对亲属可根据不同情况采取谦称或敬称，对本人的亲属应采用谦称。对辈分和年龄高于自己的亲属，可在前面增加"家"字，如"家父"、"家母"。对辈分和年龄低于自己的亲属，可在前面增加"舍"字，如"舍弟"、"舍侄"。

2. 对普通人的称呼

对一面之交、关系普通的交往对象，可采用以下几种称呼：其一，以同志相称；其二，以"先生"、"女士"、"夫人"相称；其三，以其职务、职称相称；其四，入乡随俗，采用对方能理解并接受的称呼相称。

二、介　　绍

介绍是人际交往中与他人进行沟通、增进了解、建立联系的一种最基本、最常规的方式。它是经过自己主动沟通或者通过第三者从中沟通，从而使交往双方相互认识、建立联系的一种社交方法。介绍分为自我介绍、他人介绍、集体介绍三种基本类型。

1. 自我介绍

自我介绍就是在必要的交往场合，由自己担任介绍的主角，自己将自己介绍给其他人，以使对方认识自己。自我介绍分为主动型介绍和被动型介绍。自我介绍的分寸：

（1）注意时间　自我介绍时一定要力求简洁；自我介绍应在适当进行，一是对方有兴趣时，二是对方有空闲时，三是对方情绪好时，四是对方干扰少时，五是对方有此要求时。

（2）讲究态度　进行自我介绍时，态度要自然、友善、亲切、随和；一定要充满信心和勇气，千万不要妄自菲薄；语气要自然，语速要正常，语音要清晰。

（3）进行自我介绍时所表述的各项内容，一定要实事求是，真实可信。

2. 他人介绍

他人介绍又称第三者介绍，指的是经第三者为彼此不相识的双方引见、介绍的一种介绍方式。

他人介绍的顺序：

（1）介绍年长者与年幼者认识时，应先介绍年幼者，后介绍年长者。

（2）介绍老师与学生认识时，应先介绍学生，后介绍老师。

（3）介绍女士与男士认识时，应先介绍男士，后介绍女士。

（4）介绍已婚者与未婚者认识时，应先介绍未婚者，后介绍已婚者。

（5）介绍同事、朋友与家人认识时，应先介绍家人，后介绍同事、朋友。

（6）介绍来宾与主人认识时，应先介绍主人，后介绍来宾。

（7）介绍社交场合的先至者与后来者认识时，应先介绍后来者，后介绍先至者。

（8）介绍上下级认识时，先介绍下级，后介绍上级。

三、握　　手

握手礼简称握手，学习握手礼应掌握的重要问题有行礼的时机、伸手的次序、相握的方式、握手的禁忌等。

1. 必须握手的场合

（1）久未谋面的熟人应与其握手。

（2）在比较正式的场合同相识之人道别，应与之握手。

（3）在一切以本人作为东道主的社交场合，迎接或送别来访者应与之握手。

（4）拜访他人之后，在辞行时，应与对方握手。

（5）被介绍给不相识者时，应与之握手。

（6）在社交场合，偶遇同事、同学、朋友、邻居、长辈、上司或其他熟人时，应与之握手。

（7）他人给予了自己一定支持、鼓励或帮助时，应与之握手。

（8）本人向他人或他人向本人表示恭喜、祝贺之时，应与之握手。

（9）向他人表示理解、支持和肯定时，应与之握手。

（10）应邀参加社交活动，如宴会、舞会之后，应与主人握手，主人亦然。

（11）他人向自己赠送礼品或自己向他人赠送礼品应与之握手。

2. 伸手的次序

（1）"尊者决定"原则。

（2）特殊情况：若一个人与多人握手，亦应讲究先后次序，由尊而卑地依次进行；在公务场合，握手时伸手的先后次序主要取决于职位、身份，而在社交、休闲场合，它则主要取决年纪、性别、婚否；在接待来访者时，客人到达主人先伸手，客人离去，客人先伸手。

3. 相握的方式

握手的标准方式，是行礼时行至距握手对象约1米，双腿立正，上身略向前倾，伸出右手，四指并拢，拇指张开与对方相握。握手时，应用力适度，上下稍许晃动三四次，随后松开手来，恢复原状。神态：专注、热情、友好。姿势：起身站立，保持1米距离，将相握的手各向侧下方伸出，伸直相握后形成一个直角。时间：3秒钟以内，握上一两下即可。

4. 握手的禁忌

（1）不要用左手与人相握。

（2）不要在握手时争先恐后。

（3）不要在握手时戴手套。

（4）不要在握手时戴墨镜。

（5）不要在握手时将另外一只手插在口袋。

（6）不要在握手时另外一只手依旧拿着东西不肯放下。

（7）不要在握手时面无表情，不置一词。

（8）不要在握手时长篇大论，滥用热情。

（9）不要握手时只握手指尖或只把手指尖给他人握。

（10）不要握手时把对方的手拿过来，推过去。

（11）不要以肮脏不洁的手与他人相握。

（12）不要拒绝与他人握手。

四、交　谈

所谓交谈，一般是指两个或两个以上的人所进行的对话。它是人们彼此之间交流思想情感、传递信息、进行交际、开展工作、建立友谊、增进了解的最重要的一种形式。

1. 交谈的语言

语言要文明、语言要礼貌、语言要准确。

2. 交谈的主题

适宜的交谈主题有既定的主题、高雅的主题、轻松的主题、时尚的主题、擅长的主题。忌谈的主题：个人隐私、捉弄对方、非议旁人、倾向错误、令人反感。

活动准备

分发给各小组成员一张纸条，请他们在纸条上写下如此人员的称呼：师傅的师傅，爸爸弟弟的小男孩，妈妈妹妹的小女孩，爷爷的妹妹，外婆的哥哥，未婚女性，已婚男性。

任务导入

个人展示：请描述你来广东省轻工业高级技工学校的第一晚是如何度过的。

能力训练

1. 情景表演：

小王是广东省轻工业高级技校汽修专业的一名新生，他很喜欢汽修专业，但因家庭经济困难，入学时不能按时全额缴纳学校的学费，因此，他想找学校校长说明情况，申请办理学费缓交。请根据以上材料设计一个情景表演剧，剧中要涵盖学生、校长之间的称呼、介绍和交谈礼仪。

2. 实践活动——"和陌生人讲话"：

在公共场合找一位你不认识的人进行交流和沟通，交流和沟通的内容不限，但必须记录以下几个内容：陌生人的性别及年龄，你对他（她）的称呼；你运用了哪些交往礼节来表达你的友好；你自我介绍的内容；你们交谈的内容的整体概述；你对此次活动的整体感受和评价。

实例分析

1. 小王进入新单位以后，一直非常苦恼，看着别人和朋友、同事之间说笑嬉戏，很是羡慕，他不明白为什么自己的朋友都好像躲着自己远远的？也不喜欢和自己多说几句话？有一天，负责指导小王工作的李师傅把小王叫进办公室，对小王说了一番话，语重心长地指出了小王在社交礼仪方面的几点不足，其中包括问候礼仪，使小王豁然开朗。

原来，小王喜欢和别人开玩笑，对还不是很熟悉的同事，也经常口无遮拦。有一次见了同事小赵，第一句话就问："哥们儿，最近又交往什么女孩了吧？还是原来那个女朋友吗？"弄的小赵的脸当时就变了颜色；还有一次，小王在街上遇到一个几年未见的大学女老师，和她的几个朋友正在说话，小王热情地迎上去，对老师说："你是韩老师吧！你不记得我了？"韩老师一时想不起来，很是尴尬，小王笑哈哈的说："老师真是贵人多忘事啊！都不记得我这个学生了，真是让人伤心啊！"本以为开玩笑的话能让老师喜欢，没想到老师和自己寒暄几句后就匆匆离去了。

你能不能也帮小王分析一下,他在称呼礼仪和问候礼仪方面存在哪些问题?他为什么得不到朋友的喜欢?

2. 王峰在大学读书时学习非常刻苦,成绩也非常优秀,几乎年年拿奖学金,为此同学们给他起了一个绰号"超人"。大学毕业他顺利地进入一家跨国公司,一晃八年过去了,他现在已经成为公司的部门经理。

去年国庆节,王峰带着妻子回国探亲。一天,在大剧院观看音乐剧,刚刚落座,就发现有3个人向他们走来,其中一个人边走边伸出手大声地叫:"喂!这不是超人吗?你怎么回来了?"这时,王峰才认出说话的正是他的老同学贾某。贾某毕业后跑到南方做生意,赚了些钱,如今在上海注册公司当起了老板。今天正好陪着两位从香港来的生意伙伴一起来观看音乐剧,这对生意伙伴是他交往多年的较年长的香港夫妇。

此时,王峰和贾某彼此都既高兴又激动。贾某大声寒暄了好一阵子,才想起王峰身边还站着一位女士,就问王峰身边的女士是谁。王峰这时才想起向贾某介绍自己的妻子,待王峰介绍完毕,贾某高兴地走上去,给王峰妻子一个拥抱礼。这时贾某也想起该向老同学介绍他的生意伙伴了。

上述场合见面过程中有什么不符合礼仪的地方?请指出,并说明正确的做法是什么。

感悟与分享

评价标准

关键能力课程学生课堂表现评价表

项目	A 级	B 级	C 级	个人评价	同学评价	教师评价
考勤情况	在本课题学习过程中，全部能准时到堂上课	在本课题学习过程中，迟到、早退次数不超过 2 次	在本课题学习过程中，迟到、早退次数不超过 4 次或无故旷课不超过 1 次			
活动参与情况	每次都能积极参与本小组的学习活动，没有做与学习无关的事情	能参与本小组的学习活动，个别时候在学习活动中有开小差的情况	基本不参与本小组的学习活动，或者在学习活动中经常干与学习无关的事情			
课堂学习状态情况	学习注意力集中，能全面参与老师实施的教学活动及任务，积极举手发言，并有自己的见解	学习注意力较为集中，能基本参与老师实施的教学活动及任务，能举手发言，答题中有自己的思维较少	学习注意力不集中，很少参与老师实施的教学活动及任务，很少发言，不表达自己的观点			
合作学习情况	善于与人合作，虚心听取别人的意见	能与人合作，能接受别人的意见	缺乏与人合作的精神，难以听进别人的意见			
学习效果情况	能认真参与、完成课后延展活动，认真迅速地完成课后作业，作业质量高	能参与并完成课后延展活动，能完成课后作业，但完成时间慢或完成质量一般	不参与课后延展活动，不能完成作业			

我这样评价自己：

伙伴眼里的我：

老师的话：

关键能力课程学生学习效果评价表

评价方式	评价内容				
	评价项目	评价等级			
		A	B	C	D
自评	对本节课知识的兴趣	浓厚	较浓厚	一般	弱
	本节课独立思考的习惯	强	较强	中	弱
	自信心体验到学习成功的愉悦	多	较多	一般	少
	理解别人的思路，与同伴交流的意识	好	较好	一般	弱
	在知识、方法等方面获得收获的程度	高	较高	一般	低
同伴互评	本节课发言的次数	多	较多	一般	少
	本节课学习参与程度	好	较好	一般	差
	本节课课堂练习的正确性	高	较高	一般	低
师评	上课听讲的专心程度	专注	较好	一般	有时分心
	参与教学活动的程度	高	较高	一般	低
	课堂发言反映出的思维深度	强	较强	一般	弱
	课堂发现问题的角度	多	较多	一般	少
	课堂发现问题的能力	强	较强	一般	弱
评价说明	在评价等级下，相应的栏目只选一项，打"√"				

子课题三　聚会及餐饮礼仪

- 如此吃相

在与自己的同事一道外出参加一次宴会时，财政局干事姜克美因为举止有失检点，从而招致了大家的非议。

姜克美当时在宴会上为了吃得畅快，在开始用餐之后便一而再、再而三地减轻自己身上的"负担"。他先是松开自己的领带，接下来又解开领扣、松开腰带、卷起袖管，到了最后，竟然又悄悄地脱去自己的鞋子。尤其令人感到不快的是，姜克美在吃东西时，总爱有意无意地咂巴其滋味，吃得訇然做响，并且其响声"一波未平，一波又起"，"一浪高过一浪"。

姜克美在宴会上的此番作为，不仅令他身边的人瞠目结舌，而且也让他的同事们无地自容。大家就此纷纷指责姜克美：丢了自己的人，丢了单位的人，也丢了大家的人。

课前准备

知识准备

一、聚会礼仪

有的社交聚会往往是为了处理公共事务而进行的，故称为公务聚会；另一些社交聚会，则纯属私人性质的聚会，所以称之为私人聚会。

1. 拜会

拜会又称"拜见"、"拜访"，它一般是指前往他人的工作地点或私人会所，会晤对方、探望对方，或是与之进行其他方面的接触。

（1）做客

做客的要点有三。其核心则在于：客随主便，礼待主人。

有约在先：拜访他人，一般均应提前有所约定。不提倡随意进行顺访，尤其是对待一般关系的交往对象不宜充当不邀而至、打乱对方计划的不速之客。预约拜会时要重视三方面的具体问题：约定拜会时间、约定人员、如约而至。

上门有礼：先行通报、施礼问候、轻装上阵、应邀就坐。

为客有方：围绕主题、限定范围、适时告退。

（2）待客

待客之道的核心，在于主随客便、待客以礼。这一指导思想，应落实于以下三个方面：细心安排，主要完成环境卫生、待客用品、膳食住宿和交通工具四项工作；迎送礼让，主要做好迎送、致意、让座、送别四方面工作；热情相待，主要体现一心一意、兴趣盎然、主次分明。

2. 舞会

在各式各样的社交性聚会当中，若以号召力最强、最受欢迎而论，恐怕要首推舞会了。舞会一般是指以参加者自愿相邀共舞为主要内容的一种文娱性社交聚会。

舞场的表现：

修饰的重点主要有三点。仪容方面特别强调两点：一是务必注意口腔卫生，认真清除口臭，并禁食气味刺激的食物；二是外伤患者、感冒患者以及其他传染病患者应自觉地不要参加舞会。参加舞会前，有条件的人都要根据个人情况进行适度化妆；男士化妆的重点通常是美发、护肤和祛味；女士化妆的重点则主要是美发和美容。服装，在正常情况下，舞会的着装必须干净、整齐、美观、大方。

在舞会上，邀请他人与自己共舞一曲，是其参加者必做之事。舞会礼仪规定，在邀人共舞时，特别要关注常规、方法、选择、顺序几个要点。根据惯例，在舞会上一对舞伴只宜共舞一支曲子；邀请他人跳舞，应当力求文明、大方、自然，并且注意讲究礼貌。在较正式的舞会上，人们应该与自己一起来的同伴同跳开始曲和结束曲。

在一般情况下，当本人在舞会上被人相邀时，通常不宜拒绝对方。万一非要回绝他人的邀请，则务必注意态度和措辞，切勿伤害对方的自尊心。

二、餐饮礼仪

所谓餐饮礼仪一般来说主要是人们在餐饮活动之中所必须认真遵守的行为规范。学习餐饮礼仪，首先应当着重掌握餐饮礼仪的下列两条基本原则。餐饮礼仪的第一条基本原则叫作"六 M 原则"，它是指"费用、会见、菜单、举止、音乐和环境"。餐饮礼仪的第二条原则叫做"餐饮适量原则"，它的主要含义是：在餐饮活动中，不论活动的规模、参与人数、用餐档次，还是餐饮的具体数量都要量力而行，务必从实际能力出发，进行力所能及的安排。

1. 中餐

（1）时间的选择

民俗惯例——在绝大多数情况下，确定正式宴请的具体时间主要遵从民俗惯例。主随客便——在决定社交聚餐的具体时间时，主人不仅要从自己的客观能力出发，更要讲究主随客便，即要优先考虑被邀请者，尤其是主宾的实际可能，切勿对此不闻不问，勉强从事。

（2）空间的选择

环境优雅、卫生良好、设施完备、交通方便。

2. 西餐

西餐有两个鲜明的特点：其一，它们源自西方国家；其二，它们必须以刀、叉取食。西餐的正餐菜序：①开胃菜；②面包；③汤；④主菜；⑤点心。在吃西餐时，尤其是参加正式的西餐宴会时，谨记的礼仪规范有如下四条：

(1) 举止高雅——进食禁声、禁止异响、慎用餐具、正襟危坐、吃相干净。
(2) 衣着考究——礼服、正装、便装。
(3) 尊重妇女——礼待女主人、照顾女宾客、禁用女侍者。
(4) 积极交际——宾主交际、来宾交际。

活动准备

观赏视频：聚会礼仪视频、就餐礼仪视频。

任务导入

情景模拟：今天是周末，你们班的几位同学商量去老师家玩一玩，请你模拟拜访老师应注意的礼仪。

能力训练

1. 故事续写

请根据所提供的材料，完成故事续写，使得故事变得完整，并能很好地体现我们在"知识准备"中所涉及的内容，同时分享该故事带给你的启示和感悟。

材料：有一次，一位朋友说要来拜访我，他跟我说早上八点到，结果晚上八点才来。其实他来了也没有什么重要的事情，就是想和我聊聊天，借两本书，没想到他一聊就聊到子夜十二点。他不仅过来了，还带上他老婆和四个小孩：他哥哥的小孩、他姐姐的小孩、他自己的小孩，还有一个不知谁家的小孩。他还告诉我：小朋友在电视上看到过你，想来见见真人是什么样！……

2. 根据所给的材料，组织策划一次毕业冷餐酒会

技校三年是我们人生旅程的一个驿站，三年生活漫长又短暂，三年里，每个人都在逐步蜕变，并走向成熟。不同的人有不同的经历，或大风大浪，或平平淡淡，为此，本班全体同学，群策群力，策划组织了一次毕业冷餐酒会来为他们的毕业画上一个圆满的句号。

实例分析

案例1：一位老师带领学生前往一大集团公司参观。老总是该老师的大学同学。老总亲自接待不说，还非常客气，工作人员为每位同学倒水。席间有位女生表明自己只喝红茶，学生们在有空调的大会议室坐着，大多坦然接受服务，没有半分客气。当老总办完事情回来后，不断向学生表示歉意，竟然没有人应声。当工作人员送来笔记本，老总亲自双手递送时，学生大都随意接过，没有起身也没有致谢。从头到尾只有一个同学起身双手接过工作人员递过来的茶和老总递来的笔记本时客气地说了声："谢谢。辛苦了！"只有这位同学收到了这家公司的录用通知。有同学很疑惑甚至不服"他的成绩并没有我好，凭什么让他去而不让我去？"老师生气地说："我给你们创造了机会，是你们自己失去了。"

分析：是什么原因使这些同学失去了机会的？这些同学有哪些行为是不合乎礼仪的？

案例2：刘小姐和姓张的男士在一家西餐厅就餐，男士小张点了海鲜大餐，刘小姐则点了烤羊排。主菜上桌，两人的话匣子也打开了，小张边听刘小姐聊起童年往事，一边吃着海鲜，心情愉快极了，正在陶醉的当口，他发现有根鱼骨头塞在牙缝中，让他不舒服。小张心想，用手去掏太不雅了，所以就用舌头舔，舔也舔不出来，还发出喷喷喳喳的声音，好不容易将它舔吐出来，就随手放在餐巾上。之后他在吃虾时又在餐巾上吐了几口虾壳，刘小姐对这些不太计较，可这时男士想打喷嚏，拉起餐巾遮嘴，用力打了一声喷嚏，餐巾上的鱼刺、虾壳随着风势飞出去，其中的一些正好飞落在刘小姐的烤羊排上，这下刘小姐有些不高兴了。接下来，刘小姐话也少了许多，饭也没怎么吃。

请指出本例中小张的失礼之处。

课题六 生活礼仪

感悟与分享

评价标准

关键能力课程学生课堂表现评价表

项目	A级	B级	C级	个人评价	同学评价	教师评价
考勤情况	在本课题学习过程中，全部能准时到堂上课	在本课题学习过程中，迟到、早退次数不超过2次	在本课题学习过程中，迟到、早退次数不超过4次或无故旷课不超过1次			
活动参与情况	每次都能积极参与本小组的学习活动，没有做与学习无关的事情	能参与本小组的学习活动，个别时候在学习活动中有开小差的情况	基本不参与本小组的学习活动，或者在学习活动中经常干与学习无关的事情			
课堂学习状态情况	学习注意力集中，能全面参与老师实施的教学活动及任务，积极举手发言，并有自己的见解	学习注意力较为集中，能基本参与老师实施的教学活动及任务，能举手发言，答题中有自己的思维较少	学习注意力不集中，很少参与老师实施的教学活动及任务，很少发言，不表达自己的观点			
合作学习情况	善于与人合作，虚心听取别人的意见	能与人合作，能接受别人的意见	缺乏与人合作的精神，难以听进别人的意见			
学习效果情况	能认真参与、完成课后延展活动，认真迅速地完成课后作业，作业质量高	能参与并完成课后延展活动，能完成课后作业，但完成时间慢或完成质量一般	不参与课后延展活动，不能完成作业			

我这样评价自己：

伙伴眼里的我：

老师的话：

关键能力课程学生学习效果评价表

评价方式	评价内容				
	评价项目	评价等级			
		A	B	C	D
自评	对本节课知识的兴趣	浓厚	较浓厚	一般	弱
	本节课独立思考的习惯	强	较强	中	弱
	自信心体验到学习成功的愉悦	多	较多	一般	少
	理解别人的思路，与同伴交流的意识	好	较好	一般	弱
	在知识、方法等方面获得收获的程度	高	较高	一般	低
同伴互评	本节课发言的次数	多	较多	一般	少
	本节课学习参与程度	好	较好	一般	差
	本节课课堂练习的正确性	高	较高	一般	低
师评	上课听讲的专心程度	专注	较好	一般	有时分心
	参与教学活动的程度	高	较高	一般	低
	课堂发言反映出的思维深度	强	较强	一般	弱
	课堂发现问题的角度	多	较多	一般	少
	课堂发现问题的能力	强	较强	一般	弱
评价说明	在评价等级下，相应的栏目只选一项，打"√"				

课题七 职业礼仪

子课题一 办公室中的行为举止礼仪

一家有名的大公司在媒体上刊登一则招聘广告,要聘一名办公室文员。应聘当天,闻讯前来应招的有100余名,公司人力资源部长准备借用笔试筛选一部分人再做决定,然而总经理却拒绝了如此繁琐的招聘手续,他吩咐人力资源部长传唤每一个人到他的办公室作现场应聘。被人力资源部长传唤而去的一个个应聘者,他们不是夹着厚厚的简历表,就是怀抱一摞证书,甚至还有人怀揣着公司上层领导的朋友的介绍信。然而,总经理走马观花面对前来的应聘者,每出去一人,他总朝人力资源部长摇摇头。

在总经理感到失望之时,一个貌不惊人但衣着整洁的男孩被人力资源部长传呼而来。人力资源部长面对男孩的两手空空,他替男孩惋惜——怎么一点也不准备呀,至少也该有份简历表呀。只见男孩走到总经理的办公室门前,礼貌地敲了三下门,待里面传出"进来!",他才轻轻推开门,立于门前,认真地蹭掉脚上的泥土,尔后进门后随手关上门。未走近总经理的办公桌,男孩发现地上有本书，很自然地拾起放到办公桌上。总经理和男孩简单地交谈了几句，这时有人敲门说是找总经理，门一开，一位残疾老人蹒跚而入，男孩连忙起身搀扶老人，且让座于他。男孩所做的一切毫无造作，呈现在别人面前的是善良、体贴。当男孩走出办公室，人力资源部长进来准备请示总经理再传呼下一人时，总经理微笑着冲他点点头说："就是刚刚的男孩被我聘中了！"人力资源部长惊惑地问道："刚刚那男孩？他既没有一本证书，也没有受任何人的推荐，甚至连最基本的简历表都没有。"

"你错了，"总经理对人力资源部长说，"其实他带来了内容丰富的简历表，且是这些人中最优秀的简历表！"人力资源部长疑惑了，莫非男孩是他的亲属或有特铁的关系。总经理继续微笑着说："男孩的言行是他最优秀的简历表，他轻敲三声门，说明他懂礼节，做事小心仔细；他在门口蹭掉鞋上带的泥土，说明他注重细节；当看到那位我有意安排的残疾老人进门时，他立即上前搀扶，且让座、沏茶，表明他善良、体贴、热情。其他所有的人都从我故意放在地板上的那本书上迈过去，而男孩俯身捡起那本书，并放回桌上，他的动作是那么的自然、镇定。他和我近距离交流，他的回答干脆果断，他的头发梳得整整齐齐、指甲修得干干净净……难道这些细节你不认为男孩是最优秀的简历表吗？我认为他的言行就是他最好的简历表！"人力资源部长心悦诚服地笑了起来。

课前准备

知识准备

一、下级对上级的行为举止礼仪

作为一名员工,只有与自己直接的上级领导处好关系,取得上级领导的信任,才能更好地发挥自身的才干。要做到这一点,要注意做好以下几项工作:

(1) 对上级要尊重

对上级布置的工作,作为下级要尽力去完成,而且要有创造性地工作。如因某种原因完不成工作也应该如实地向领导汇报,并及时说明情况。

(2) 领导的讲话

当领导讲话时要认真听,必要时还要认真做好记录,这样才能把领导布置的工作贯彻好。

(3) 要注意细节

细节是一个人修养程度的表现,一个细节往往会给别人留下很深的印象。有时你因一些小节给上级领导留下什么样的印象,他的印象中很容易因为这些小节将你固定看成什么样的人。

(4) 开玩笑要适度

每名领导从心理上都想获得别人的尊重,特别是在一些大众场合,作为领导者便会越重视自己的形象。实际上与领导交往,特别是在非工作场合,时而开个玩笑也是很正常,有时还可以活跃气氛,表明你与领导的关系不一般。但开玩笑一定要适度,要使领导听了满意,别人听了为之一笑,不会损害到任何人。

(5) 要热情帮助领导

无论是领导还是下属都不是圣人,都有困难的时候,在领导有困难的时候,下级应该伸手帮一下,这会增加你与领导之间的友谊。

(6) 与领导有矛盾时,需多从自身找原因

作为下属,当你与领导发生矛盾时,你要心平气和地坐下来认真反思一下,回顾一下产生矛盾的原因,找出问题所在,多做自我批评,从自身找问题。

(7) 友谊不靠讨好换取

下属和领导的和谐关系和正确交往应该是建立在相互平等的基础上的，与领导交往要靠真诚的友谊，更重要的是靠对领导工作的大力支持，凡领导交办的工作，尽心尽力去完成好，在一些重大的原则问题上与领导站在一起。

（8）尽量不要越级上告

有些下属在工作中出现问题时，喜欢越过自己的主管领导到上级部门汇报或申诉，这是非常错误和危险的做法。应该找直接领导解决，同时自己也要想办法协助解决，不要怕将自己立于问题之中。

（9）不背后评价领导

对领导工作中存在的问题，或领导的个人问题最好在不失礼仪的情况下当面跟领导说，不可当面不说背后乱说。背后评价人是不道德的行为，要知道纸是包不住火的，背后评价领导的话会造成你与领导之间关系紧张。

二、同事之间的行为举止礼仪

身为职场中人，与同事之间关系相处是否融洽，将直接影响到你的工作、事业的进步和发展。处理好任何一种人际关系的基础礼仪是相互尊重，在同事之间更是如此，所以在如何处理与同事关系这一问题上，最重要的就是尊重对方。

同事之间物质上的往来要格外细心。在物质利益方面，无论是有意或无意地占对方的便宜，都会引起对方的不快，从而降低自己在对方心目中的人格。

热心帮助同事。当同事遇到困难时千万不要冷眼旁观，应主动上前问询。

对自己的失误或同事间的误会，应主动道歉说明。同事之间相处久了难免会出现一些误会，一旦出现误解就应该主动向对方沟通说明或道歉，以征得对方的理解或原谅。若是小肚鸡肠，耿耿于怀，势必会为你的事业和生活添加些令人生厌的羁绊。

和同事相处，文明礼貌程度是最重要的一个环节。要不卑不亢，热情大方，谦恭有礼。

三、办公室新人应注意的行为举止礼仪

对于他人的隐私最好不要过多地关心,谁的心底都有一片属于自己的空间,有不愿让别人知道的事情,即使是最要好的朋友也有不愿讲出来的私事,何况是同事之间呢。

在社会这个大群体里,谁都有自己的好恶,对很多事情的看法和观点都带有自己强烈的感情色彩,作为新人,我们要牢记:不要把自己的喜怒哀乐随便带到办公室,强迫他人与你分享。

闲暇之余,多和同事一起活动,这样可以增进彼此之间的感情。和同事说话要讲究分寸,不能口无遮拦,否则会给人留下轻浮、不庄重的印象。

作为新人,主动去承担那些没人愿意干的工作,不管最后做得怎么样,这种处处为集体着想的精神会让大家对你产生认同。

四、商务活动行为举止礼仪

1. 握手礼

在见面礼节中,我们平时见得最多的就是握手礼。握手在见面、告别等很多场合都需要使用。

握手的标准做法:要面带微笑,上身稍向前倾,头微微低,距离和你握手对象约一步远,两脚并拢,伸出右手,双目注视对方。一般来说,长辈、上级、女士、主人要先伸手,晚辈、下级、男士、客人要先问候,待对方伸出手后再握;同级同辈见面,双方伸手不分先后。以手指稍用力握对方手掌,力度适中,三五秒即可。

在正式场合与他人握手时,有五条禁忌应当避免:用左手与人握手、戴手套与人握手、戴墨镜与人握手、用双手与人握手、用脏手与人握手。

2. 拱手礼

拱手礼是中华民族特有的一种礼节,这个礼既能表达对对方的感激和尊敬,也有浓浓的中国特色和人情味。

拱手礼的基本要领：右手半握拳，然后用左手在胸前扶住右手，在双目注视对方的同时，相拱的手向着对方轻轻前后来回摇动。

3. 鞠躬礼

鞠躬礼是人们在生活中对别人表示恭敬的一种礼节，既适用于庄严肃穆、喜庆欢乐的仪式，也适用于一般的社交场合。

行鞠躬礼时，须脱帽，呈立正姿势，脸带笑容，目视受礼者。行鞠躬礼一般有三项礼仪准则：受鞠躬礼应还以鞠躬礼；地位较低的人要先鞠躬；地位较低的人鞠躬要相对深一些。

活动准备

根据已预习的知识，在课前练习握手礼、拱手礼和鞠躬礼。

任务导入

观看一则《办公室举止礼仪》视频，请大家根据预先学习的知识内容来挑出视频中不符合办公室礼仪的情节。

能力训练

项目一：

职场人士一天中至少1/3时间在办公室度过，如果不注意细节，很可能"伤人于无形"，使同事关系大打折扣。因此，在职场细节中要注意这5件事不能犯：

（1）不参与讨论

工作累了，大家可能会谈些琐事，能缓解压力、交流感情。如果你从来不参与这种讨论，时间一长，工作上的事情大家也想不起跟你说了。

（2）拒绝零食

带点小吃、特产相互分享，或者获奖了请客，是表达友好的重要途径。要是因为"正忙着"、"不想欠人情"等拒人千里，或表示不稀罕，人家也会觉得你曲高和寡，难以相处。

（3）行踪诡秘

不要老在单位"玩失踪"，告诉领导和同事你去哪里是尊重，会让彼此产生信任和责任感，还能帮你处理急事。

（4）不分享好消息

知道了一个好消息，认为大家可能都知道了就不说，这样很容易错过一起高兴的机会。好消息不怕迟，更不怕重复。

（5）常和一人"咬耳朵"

对待同事一定要平衡，不要对某一个人特别亲近或疏远。若是总和同一个人说悄悄话，也许你们两个亲近了，但却很容易疏远了更多的人。

＊请各小组根据以上的"五忌"，编排一个情景剧，该情景剧必须体现以上"五忌"中至少两个元素，并体现职场新人与办公室同事交往中的正确理念与做法。

项目二：

请各小组组织成员讨论"商务拜访中的举止礼仪常识"，并进行组织归纳；然后请每一组派一位成员上台进行成果展示。

实例分析

我和一个同事是在公司里做会计的，他是注册会计师，在资历上高于我。

我刚到这公司不久，我们就争吵了几次。每次争吵后，我觉得我们间都更加冷漠了。不过他毕竟是我前辈，能力也比我强，我也并不想和他闹大，于是后面几次争吵，我都是谦让的。有时候我对他看不惯，也没有说。

前不久我努力和他接触，好像亲近了一些。但是有一次做会计凭证，他审核。他和我说不能这么做，讨论了半天，他说我理解能力太差了，老是不能理解他的意思。后来我也大致明白了，就照他的意思做，但是后来他又说他根本不是这个意思。我当时有点蒙了，觉得他好像很善变，明明之前说的是这个意思，后面又变了。但他说是我理解能力差，还说以后别问他问题，意思是我老是曲解他的回答。我很不认同，明明是他自己变来变去，还怪我没理解，甚至觉得他是故意把我绕进去的。然后就和他对这个事争论了半天，关系又僵了。

我们财务部还有个女孩，我和她以前关系还可以，但是和那个同事关系闹僵后，因为他和女孩的关系很好，平时他们一起吃饭，渐渐我和女孩也很少说话，甚至有时觉得这女孩和他是一伙的。

昨天，有份项目上级交给我们一起完成，但是有个问题我没明白，他显然很明白，我问他，他却不告诉我，让我去问别人，还说他不告诉我是有原因的。我知道他是不喜欢我，所以不想回答我，后来我又问过他几个问题，他都爱理不理的，就是不回答我。我甚至在想对他报复，在工作中让他难堪。我真的很生气，却无处解决自己这些情绪，搞得自己心脏都犯疼，也没法专心做事。我也不想采取极端的方法对付他，那样不好看。我现在就感觉自己一直被欺负，这种同事相处复杂的局面我该怎么办呢？

请根据上述案例，请各位同学为这位新入职的员工提供具体的帮助意见。

感悟与分享

 评价标准

关键能力课程学生课堂表现评价表

项目	A级	B级	C级	个人评价	同学评价	教师评价
考勤情况	在本课题学习过程中，全部能准时到堂上课	在本课题学习过程中，迟到、早退次数不超过2次	在本课题学习过程中，迟到、早退次数不超过4次或无故旷课不超过1次			
活动参与情况	每次都能积极参与本小组的学习活动，没有做与学习无关的事情	能参与本小组的学习活动，个别时候在学习活动中有开小差的情况	基本不参与本小组的学习活动，或者在学习活动中经常干与学习无关的事情			
课堂学习状态情况	学习注意力集中，能全面参与老师实施的教学活动及任务，积极举手发言，并有自己的见解	学习注意力较为集中，能基本参与老师实施的教学活动及任务，能举手发言，答题中有自己的思维较少	学习注意力不集中，很少参与老师实施的教学活动及任务，很少发言，不表达自己的观点			
合作学习情况	善于与人合作，虚心听取别人的意见	能与人合作，能接受别人的意见	缺乏与人合作的精神，难以听进别人的意见			
学习效果情况	能认真参与、完成课后延展活动，认真迅速地完成课后作业，作业质量高	能参与并完成课后延展活动，能完成课后作业，但完成时间慢或完成质量一般	不参与课后延展活动，不能完成作业			

我这样评价自己：

伙伴眼里的我：

老师的话：

关键能力课程学生学习效果评价表

评价方式	评价内容				
	评价项目	评价等级			
		A	B	C	D
自评	对本节课知识的兴趣	浓厚	较浓厚	一般	弱
	本节课独立思考的习惯	强	较强	中	弱
	自信心体验到学习成功的愉悦	多	较多	一般	少
	理解别人的思路,与同伴交流的意识	好	较好	一般	弱
	在知识、方法等方面获得收获的程度	高	较高	一般	低
同伴互评	本节课发言的次数	多	较多	一般	少
	本节课学习参与程度	好	较好	一般	差
	本节课课堂练习的正确性	高	较高	一般	低
师评	上课听讲的专心程度	专注	较好	一般	有时分心
	参与教学活动的程度	高	较高	一般	低
	课堂发言反映出的思维深度	强	较强	一般	弱
	课堂发现问题的角度	多	较多	一般	少
	课堂发现问题的能力	强	较强	一般	弱
评价说明	在评价等级下,相应的栏目只选一项,打"√"				

子课题二　商务接待礼仪

　　商务礼仪是在商务活动过程中,对合作者表示尊重和友好的一系列行为规范,是礼仪在商务活动过程中的具体运用。商务礼仪以礼仪为基础和内容,它与礼仪有着共同的基本原则:尊重、友好、真诚。

　　商务礼仪是在商务活动中,作为指导、协调商务活动中人际关系的行为方式和活动形式,用来约束我们日常商务活动的方方面面。广泛涉及社会经济生活的各个方面,并为社会中全体成员调节相互关系的行为规范,为各国家、各民族、各阶级、各党派、各社会团体以及各阶层人士共同遵守。商务礼仪的核心作用是为了体现人与人之间的相互尊重,在商务交往中做到"约束自己,尊重他人"才能使人们更轻松愉快地交往。"为他人着想"不仅是商务交往、也是人与人之间正常交往的基本原则。所以说学习并正确的运用商务礼仪既是一个人内在修养和素质的外在表现,又是人际交往中适用的一种艺术、一种交际方式或交际方法,是人际交往中约定俗成的示人以尊重、友好的习惯做法。

一、商务介绍礼仪

商务介绍礼仪总体分为三类：为他人做介绍、自我介绍、集体介绍。

（一）为他人做介绍

1. 介绍的场合

与朋友外出，路遇朋友不认识的朋友；本人的接待对象，遇见其不相识的人士，而对方又与自己打了招呼；打算推介某人加入某一个圈子；陪同上司、长者、来宾时，遇到其不相识者。

2. 介绍时的规则

尊者具有优先了解权；遵守"尊者优先"的原则；把地位低者先介绍给地位高者。

3. 介绍时的顺序

职位低→职位高；年轻者→年长者；

男性→女性；主方人士→客方人士；

未婚者→已婚者；晚到者→早到者。

工作场合，当所要介绍的双方符合其中两个或两个以上顺序时，一般以先职位再年龄，先年龄再性别的顺序做介绍。

4. 介绍的内容方式

（1）内容　"……，请允许我为你做一下介绍/让我介绍一下，这位是……，这位是……。"

（2）方式　介绍者位于中间，介绍时用右手，五指伸开朝向被介绍的一方。

5. 介绍时注意事项

（1）介绍时掌握分寸，实事求是（几不问：年龄，婚否，收入，健康，价值）。

（2）介绍时口齿清楚，咬准字音。

（3）以手示意时，要把手掌伸出去，表情大方自然。

（4）介绍时应站起来，面含微笑，但在会谈场合不需要起立，只点头致意即可。

6. 被介绍注意事项

（1）当介绍者开始为你介绍时，被介绍者双方都应起身站立，面含微笑，大大方方的目视着介绍者或对方。

（2）当介绍者介绍完毕时，被介绍者双方都应依照礼仪的方式进行握手，彼此问候一下，或互递名片。

（二）自我介绍

自我介绍，就是自己将自己介绍给他人或众人的一种介绍方式。熟人见面打招呼自不待言，而生人见面自我介绍，则是社交场合的一门学问。自我介绍是相互认识、树立自我形象的重要手段及方法，在现代社会，自我介绍还是一种重要的推销自我的方式。而准确、得体的自我介绍，能够形成良好的社交"首因效应"。

1. 自我介绍的方式

自我介绍大体有两种方式，一是主动式自我介绍，就是自己主动地向交往对象介绍自己的情况；二是被动式的自我介绍，这是应交往对象的要求进行自我介绍。在一般社交场合，自我介绍主要介绍自己的姓名、工作单位、身份。例如，"我是某某，在某某单位或地方工作。"如果与新结识的朋友谈得很投机，双方都愿意更多地了解对方，介绍的内容可以适当增加。例如，自己的籍贯、母校、经历等。

2. 自我介绍的内容

要根据交往的具体场合、目的、对象的特点等实际情况，不可盲目，一概而论。一般有以下几种自我介绍方式和相应的介绍内容：

（1）应酬式的自我介绍

适合于一些公共场合和一般性的社交场合，如旅途中、宴会厅里、舞场、通电话时。这种介绍方式的内容应该简单为好，往往只介绍自己的姓名即可。如"你好！我的名字叫胡娜。"

（2）工作式的自我介绍

有时也叫公务式的自我介绍，适用于工作之中。它是以工作为中心的自我介绍。为此，这种介绍的内容应包括三个方面，即姓名、单位和部门、职务或具体工作。介绍时应报全称，如"你好！我是刘林，是滨海市政府外事办公室的联络处处长。"

（3）交流式的自我介绍

这是在社交场合寻求与对方进行沟通、交流为目的的自我介绍。这种介绍可以包括以下内容：姓名、工作、籍贯、学历、兴趣及与交往对象的某些熟人关系，等等。如"我叫李颖，现在上海大学从事教学工作。我是清华大学自动控制系99级的，我想我们是校友，对吗？"

（4）礼仪式的自我介绍

这是一种表示对于交往对象友好、敬意的自我介绍。适用于讲座、报告会、庆典等正规而又隆重的场合。这种自我介绍除了姓名、单位、职务外，还应该加入一些适宜的谦辞和敬语，以表示自己的礼貌。如"各位来宾，大家下午好！欢迎大家光临这次大会。我是海大公司的公关部经理王海燕。现在，由我代表本公司宣布我们的开业仪式正式开始。"

3. 自我介绍应注意的事项

掌握面试自我介绍的分寸，想要自我介绍恰到好处、不失分寸，就必须高度重视下述几个方面的问题：

（1）控制时间

①进行自我介绍一定要力求简洁，尽可能地节省时间。通常以半分钟左右为佳，如无特殊情况最好不要长于1分钟。为了提高效率，在做自我介绍的同时，可利用名片、介绍信等资料加以辅助。

②自我介绍应在适当的时间进行。进行自我介绍，最好选择在对方有兴趣、有空闲、情绪好、干扰少、有要求之时。如果对方兴趣不高、工作很忙、干扰较大、心情不好、没有要求、休息用餐或正忙于其他交际之时，则不太适合进行自我介绍。

（2）讲究态度

①态度要保持自然、友善、亲切、随和，整体上讲求落落大方，笑容可掬。

②充满信心和勇气。忌讳妄自菲薄、心怀怯懦。要敢于正视对方的双眼，显得胸有成竹，从容不迫。

③语气自然，语速正常，语音清晰。生硬冷漠的语气、过快过慢的语速，或者含糊不清的语音，都会严重影响自我介绍者的形象。

（3）追求真实

进行自我介绍时所表述的各项内容，一定要实事求是，真实可信。过分谦虚、一味贬低自己去讨好别人，或者自吹自擂、夸大其词，都是不可取的。

（三）集体介绍

集体介绍是指在双方和多方人员共同参与聚会或活动时，为使参与人员之间互相认识进行的介绍。集体介绍的形式很多，要根据活动的内容、参加人员的多少、活动的时间长短，以及必要性决定介绍的形式。

1. 介绍的形式

一种是由一位主持人或熟悉各方人员的人出面为大家互相介绍。如果人数多，而且活动的时间不长，就没有必要逐个介绍，介绍一下各方的所属部门或单位即可。如果人数不多，则可以逐个介绍。做介绍时应按照礼仪的要求注意介绍的顺序，介绍者属某方，应先把本方人员介绍给他方人员，以表示对他方人员的尊重；在介绍本方人员时则以尊长在前的顺序进行。

一种是各方出一人为本方人员逐个介绍。

一种是各方人员依次自我介绍。

集体介绍如果是为了使各方人员在参加活动中能尽快融合密切合作，就应该重视些，如商务谈判，几方人员共同完成一项课题研究，多方抽调人员组成的临时机构。如果只是集体的聚会，没有密切合作的任务，聚会后就散了，则可以一般性地简单介绍一下。

2. 礼仪精髓

在集体介绍中，即使需要每个人都做自我介绍，也要十分简短，通常也只是报一下姓名与职务即可。

二、名片礼仪

名片是我国古代文明的产物。据清代学者赵翼在其著作《陔余丛考》中记载："古人通名，本用削木书字，汉时谓之谒，汉末谓之刺，汉以后则虽用纸，而仍相沿曰刺。"可见，名片的前身即我国古代所用的"谒"、"刺"。名片发展至今，已是现代人交往中一种必不可少的联络工具，成为具有一定社会性、广泛性，便于携带、使用、保存和查阅的信息载体之一。基层公务员在各种场合与他人进行交际应酬时，都离不开名片的使用。而名片的使用是否正确，已成为影响人际交往成功与否的一个因素。要正确使用名片，就要对名片的类别、制作、用途和交换等方式予以充分的了解，遵守相应的规范和惯例。

（一）名片的类别

根据名片用途、内容及使用场合的不同，名片可以分为社交名片和公务名片两类；而根据名片主人数量和身份的不同，名片又可分为个人名片、夫妇联名名片以及集体名片三类。

1. 个人名片

个人名片，亦称私用名片，以私人身份在社交场合进行交际应酬时所使用的名片。一般而言，社交名片为个人名片。社交名片的基本内容包括两个部分：一是本人姓名，以大号字体印在名片正中央，姓名之后无需添加任何公务性关衔；二是联络方式，以较小字体印在名片右下方，具体内容包括家庭住址、邮政编码、住宅电话、互联网址等。一般不宜将自己的手机号留在名片上。

社交名片只用于社交场合，通常与公务无关，因此一般不印有工作单位以及行政职务，以示"公私有别"。如果本人不喜欢被外界打扰，则可根据具体情况对自己的联络方式的内容有所删减，例如可删去住宅电话一项。必要时，可以不印任何联络方式，而仅留姓名一项内容。

2. 夫妇名片

在社交场合，不少人员往往会携同其配偶一起参与交际应酬。此时与人交换名片，如果夫妇俩各自为政，先后与人交换显然较为麻烦；而如果夫妇中只选一个"代表"与人交换名片，则会失礼于人。在这种情况下，使用夫妇联名名片，即夫妇名片是最合适的。

夫妇名片实质是社交名片的一种特例。名片上的基本内容同样只包括姓名和联系方式两项，或只有姓名一项。所不同的是，夫妇名片同时印有夫妇两人的姓名。一般而言，两人姓名印刷成一行，而不宜印成上下两行。

夫妇名片较多地运用于两人联名赠送礼品或投寄问候信函的场合。但若以某一方名义使用名片时，不要因此而涂去另一方姓名，涂抹名片是一种很不得体的做法，此时最好还是使用个人名片为好。

3. 集体名片

集体名片，实际是公务名片的一个变种，它通常是指某一政府部门，尤其是那些对交往较为频繁的政府部门，其主要成员集体对外使用的名片。集体名片在基本内容构成上与其他公务名片没有任何区别，其特殊之处在于在名片上列出某一集体的每一位主要成员的具体称呼，并按职务高低自上而下依次排列。

使用集体名片不仅可以节省费用，而且还有助于维护和宣传集体。

（二）名片的交换

名片的交换是名片礼仪中的核心内容。一个人如何交换名片，往往是其个人修养的一种反映，也是对交往对象尊重与否的直接体现。因此交换名片务必要遵守一定之规。

1. 携带名片

参加正式的交际活动之前，都应随身携带自己的名片，以备交往之用。名片的携带应注意以下三点：

（1）足量适用

个人携带的名片一定要数量充足，确保够用。所带名片要分门别类，根据不同交往对象使用不同名片。

（2）完好无损

名片要保持干净整洁，切不可出现折皱、破烂、肮脏、污损、涂改的情况。

（3）放置到位

名片应统一置于名片夹、公文包或上衣口袋之内，在办公室时还可放于名片架或办公桌内。切不可随便放在钱包、裤袋之内。放置名片的位置要固定，以免需要名片时东找西寻，显得毫无准备。

2. 递交名片

我们在递交名片时，要注意以下几个要点：

（1）观察意愿

除非自己想主动与人结识，否则名片务必要在交往双方均有结识对方并欲建立联系的意愿的前提下发送。这种愿望往往会通过"幸会"、"认识你很高兴"等一类谦语以及表情、体姿等非语言符号体现出来。如果双方或一方并没有这种愿望，则无须发送名片，否则会有故意炫耀、强加于人之嫌。

（2）把握时机

发送名片要掌握适宜时机，只有在确有必要时发送名片，才会令名片发挥功效。发送名片一般应选择初识之际或分别之时，不宜过早或过迟。不要在用餐、戏剧、跳舞之时发送名片，也不要在大庭广众之下向多位陌生人发送名片。

（3）讲究顺序

双方交换名片时，应当首先由位低者向位高者发送名片，再由后者回复前者。但在多人之间递交名片时，不宜以职务高低决定发送顺序，切勿跳跃式进行发送，甚至遗漏其中某些人。最佳方法是由近而远、按顺时针或逆时针方向依次发送。

（4）先打招呼

递上名片前，应当先向接受名片者打个招呼，令对方有所准备。既可先做一下自我介绍，也可以说声"对不起，请稍候"、"可否交换一下名片"之类的提示语。

（5）表现谦恭

对于递交名片这一过程，应当表现得郑重其事。要起身站立主动走向对方，面含微笑，上体前倾15°左右，以双手或右手持握名片，举至胸前，并将名片正面面对对方，同时说声："请多多指教"、"欢迎前来拜访"等礼节性用语。切勿以左手持握名片。递交名片的整个过程应当谦逊有礼，郑重大方。

3. 接受名片

接受他人名片时，主要应当做好以下几点：

（1）态度谦和

基层公务员接受他人名片时，不论有多忙，都要暂停手中一切事情，并起身站立相迎，面含微笑，双手接过名片。至少也要用右手，而不得使用左手。

（2）认真阅读

接过名片后，先向对方致谢，然后至少要用一分钟时间将其从头至尾默读一遍，遇有显示对方荣耀的职务、头衔不妨轻读出声，以示尊重和敬佩。若对方名片上的内容有所不明，可当场请教对方。

（3）精心存放

接到他人名片后，切勿将其随意乱丢乱放、乱揉乱折，而应将其谨慎地置于名片夹、公文包、办公桌或上衣口袋之内，且应与本人名片区别放置。

（4）有来有往

接受了他人的名片后，一般应当即刻回给对方一张自己的名片。没有名片，名片用完了或者忘了带名片时，应向对方做出合理解释并致以歉意，切莫毫无反应。

4. 索要名片

依照惯例，我们最好不要直接开口向他人索要名片。但若想主动结识对方或者有其他原因有必要索取对方名片时，可相机采取下列办法：

（1）互换法

即以名片换名片。在主动递上自己的名片后，对方按常理会回给自己一张他的名片。如果担心对方不回送，可在递上名片时明言此意："能否有幸与你交换一下名片？"

（2）暗示法

即用含蓄的语言暗示对方。例如，向尊长索要名片时可说："请问今后如何向你请教？"向平辈或晚辈表达此意时可说："请问今后怎样与你联络？"

三、握手礼仪

握手是商务活动中见面、接待、迎送时常见的礼节。

1. 握手的标准方式

行至距握手对象1米处,双腿立正,上身略向前倾,伸出右手,四指并拢,拇指张开与对方相握,握手时用力适度,上下稍晃动3、4次,随即松开手,恢复原状。与人握手,神态要专注、热情、友好、自然,面含笑容,目视对方双眼,同时向对方问候。

2. 握手的先后顺序

男女之间握手,男方要等女方先伸手后才能握手,如女方不伸手,无握手之意,方可用点头或鞠躬致意;宾主之间,主人应向客人先伸手,以示欢迎;长幼之间,年幼的要等年长的先伸手;上下级之间,下级要等上级先伸手,以示尊重。多人同时握手切忌交叉,要等别人握完后再伸手。

握手时精神要集中,双目注视对方,微笑致意,握手时不要看着第三者,更不能东张西望,这都是不尊重对方的表现。军人戴军帽与对方握手时,应先行举手礼,然后再握手。

3. 握手的力度

握手时为了表示热情友好,应当稍许用力,但以不握痛对方的手为限度。在一般情况下,握手不必用力,握一下即可。男子与女子握手不能握得太紧,西方人往往只握一下妇女的手指部分,但老朋友可以例外。

4. 握手时间的长短

握手时间的长短可根据握手双方亲密程度灵活掌握。初次见面者,一般应控制在3秒钟以内,切忌握住异性的手久久不松开。即使握同性的手,时间也不宜过长,以免对方欲罢不能。但时间过短,会被人认为傲慢冷淡,敷衍了事。

5. 握手的禁忌

不要在握手时戴着手套或戴着墨镜,另一只手也不能放在口袋里。只有女士在社交场合可以戴着薄纱手套与人握手。

握手时不宜发长篇大论，点头哈腰，过分客套，这只会让对方不自在，不舒服。

与基督教徒交往时，要避免交叉握手。这种形状类似十字架，在基督教信徒眼中，被视为不吉利。

与阿拉伯人、印度人打交道，切忌用左手与他人握手，因为他们认为左手是不洁的。

除长者或女士，坐着与人握手是不礼貌的，只要有可能，都要起身站立。

四、迎送礼仪

（一）迎客礼仪

1. 接站

对远道而来的客人，要做好接站工作。要掌握客人到达的时间，保证提前等候在迎接地点，迟到是不礼貌的，客人也会因此感到不愉快。接站时还要准备一块迎客牌，上书"欢迎（恭迎）×××代表团"或"欢迎×××先生（女士）"或"×××接待处"等，同时，要高举迎客牌，以便客人辨认。做好这些工作，可以给客人以热情、周到的感觉，使双方在感情上更加接近。

2. 会面

"出迎三步，身送七步"，这是我国迎送客人的传统礼仪。客人在约定时间按时到达时，主人应主动迎接，不应在会谈地点静候。见到客人应热情打招呼，先伸手相握，以示欢迎，同时应说一些寒暄辞令。如果客人是长者或身体不太好的应上前搀扶，如果客人手中提有重物应主动接过来。

3. 乘车

如果迎接地点不是会客地点，还要注意乘车礼仪。接到客人后，应为客人打开车门请客人先上车，坐在客人旁边或司机旁。在车上接待者要主动与客人交谈，告知客人访问的安排，征求客人的意见。向客人介绍当地的风土人情，沿途景观。到达地点后，接待者应先下车为客人打开车门，然后请客人下车。

4. 入室

下车后，陪客者应走在客人的左边，或走在主陪人员和客人的身后。到达会客室门口时应打开门，让客人先进。在会客室内把最佳位置让给客人，同时，还要按照介绍的礼仪把客人介绍给在场的有关人员。

（二）送客礼仪

俗语讲："出迎三步，身送七步。"在社交礼仪中，很多人再迎接客人时大多是热烈隆重，但却常常忽视了送别礼，这就会给人一种"人走茶就凉"的感觉，无形中引起客人的反感。所以对于二十几岁的年轻人更要铭记于心，热情迎送，以实际行动给人贴心之感，这样才能拉近和对方的心理距离，增进彼此的感情。那么，除了"热情迎送客人"外，送客时还需要我们注意一些什么呢？

1. 送客时要不失热忱

当客人起身告辞时，应马上站起来，主动为客人取下衣帽，帮客人穿上，与客人握手告别，同时选择最合适的言词送别，如"希望下次再来"等礼貌用语。每次见面结束，都要以将再次见面的心情来恭送对方。尤其是对初次来访的客人更要热情、周到、细致。

2. 帮助客人提重物

当客人带了较重的物品，送客时应帮客人代提重物。与客人在门口、电梯口或汽车旁告别时，要与客人握手，目送客人上车或离开，要以恭敬真诚的态度，笑容可掬的送客，不要急于返回，应鞠躬挥手致意，待客人移出视线后，才能结束告别仪式。否则，当客人走完一段再回头致意时，发现主人已经不再，心里会很失落。

3. 客人离开后再关门

许多时候，我们将客人送出门外，不等其走远，就"砰"的一声将门关上，这往往给人以类似"闭门羹"的感觉。并且很有可能因此而失去对方来访期间培养起来的所有感情。因此，在送客反身进屋时，应将房门轻轻关上，不要使其发出声响，最好等客人远离后再轻声关上门。

4. 告别时让客人先起身

当客人提出告辞时，要等客人起身后再站起来相送，切忌没等对方起身，自己先起来相送。更不能嘴里说再见，而手中却忙着自己的事情，甚至连眼神都不在客人身上。

心理学上不但有"首因效应"，也有"末因效应"。"最初的"和"最后的"信息，都能给人们留下深刻印象，"最初的"印象尚可弥补，而"最后的"的信息往往无法改变——"交往"的意义往往大于"迎接"。做到"迎出三步"，你的应酬级别就能属于初步及格水准，做到"身送七步"，你才能迈入应酬优秀者的行列。

五、会议礼仪

会议，通常是指将特定范围的人员召集在一起，对某些专门问题进行研究、讨论，有时还需做出决定的一种社会活动的形式。在处理日常性行政事务时，各级政府部门往往召开各种会议。

不论是召集、组织会议，还是参加会议，为会议服务，办公室员工都有一些基本守则、规矩必须遵守。此类与会议相关的守则、规矩，就包括会议礼仪。会议礼仪的关键性内容有会务性工作、会场的排座、会风的端正等三项。

（一）会务性工作

但凡正规的会议，均需进行缜密而细致的组织工作。具体而言，会议的组织工作，在其进行前、进行时与进行后又各有不同的要求。凡此种种，均可称为会务工作。负责会务工作的办公室员工，在其具体工作之中，一定要遵守常规，讲究礼仪，细致严谨，做好准备。

1. 会议之前

在会议的种种组织工作中，以会前的组织工作最为关键。它在大体上包括以下四个不同的方面。

（1）会议的筹备

举行任何会议，皆需先行确定其主题（包括会议名称）。这是会前有关领导集体已经确定了的。负责筹备会议的工作人员，则应围绕会议主题，将领导议定的会议的规模、时间、议程等组织落实。通常要组成专门班子，明确分工，责任到人。

（2）通知的拟发

按常规，举行正式会议均应提前向与会者下发会议通知。它是指由会议的主办单位发给所有与会单位或全体与会者的书面文件，同时还包括向有关单位或嘉宾发的邀请函件。办公室员工在这方面主要应做好两件事：

其一，拟好通知。会议通知一般应由标题、主题、会期、出席对象、报到时间、报到地点以及与会要求等七项要点组成。拟写通知时，应保证其完整而规范。

其二，及时送达。下发会议通知，应设法保证其及时送达，不得耽搁延误。

（3）文件的起草

会议上所用的各种文件材料，一般应在会前准备妥当。需要认真准备的会议文件，主要有会议的议程、开幕词、闭幕词、主题报告、大会决议、典型材料、背景介绍等。有的文件应在与会者报到时就要下发。

（4）常规性准备

负责会务工作时，往往有必要对一些会议所涉及的具体细节问题，做好充分的准备工作。

其一，做好会场的布置。对于会议举行的场地要有所选择，对于会场的桌椅要根据需要做好安排，对于开会时所需的各种音响、照明、投影、摄像、摄影、录音、空调、通风设备和多媒体设备等，应提前进行调试检查。

其二，根据会议的规定，与外界搞好沟通。比如向有关新闻部门、公安保卫部门进行通报。

其三，会议用品的采办。有时，一些会议用品，如纸张、本册、笔具、文件夹、姓名卡、座位签以及饮料、声像用具，还需要补充、采购。

2. 会议期间

负责会议具体工作的办公室员工，一丝不苟地做好下列工作：

（1）例行服务

会议举行期间，一般应安排专人在会场内外负责迎送、引导、陪同与会人员。对与会的贵宾以及老、弱、病、残、孕者，少数民族人士、宗教界人士、港澳台同胞、海外华人和外国人，往往还须进行重点照顾。对于与会者的正当要求，应有求必应。

（2）会议签到

为掌握到会人数，严肃会议纪律，凡大型会议或重要会议，通常要求与会者在入场时签名报到。会议签到的通行方式有三：一是签名报到，二是交券报到，三是刷卡报到。负责此项工作的人员，应及时向会议的负责人进行通报。

（3）餐饮安排

举行较长时间的会议，一般会为与会者安排会间的工作餐。与此同时，还应为与会者提供卫生可口的饮料。会上所提供的饮料，最好便于与会者自助饮用，不提倡为其频频斟茶续水。那样做往往既不卫生、安全，又有可能妨碍对方。如果必要，还应为外来的与会者在住宿、交通方面提供力所能及、符合规定的方便条件。

（4）现场记录

凡重要的会议，均应进行现场记录，其具体方式有笔记、打印、录入、录音、录像等。可单用某一种，也可交叉使用。负责手写笔记会议记录时，对会议名称、出席人数、时间地点、发言内容、讨论事项、临时动议、表决选举等基本内容要力求做到完整、准确、清晰。

（5）编写简报

有些重要会议，往往在会议期间要编写会议简报。编写会议简报的基本要求是快、准、简。快，是要求其讲究时效；准，是要求其准确无误；简，则是要求文字精炼。

3. 会议之后

会议结束，应做好必要的后续性工作，以便使之有始有终。后续性工作大致包括三项：

（1）形成文件

这些文件包括会议决议、会议纪要等。一般要求尽快形成，会议一结束就要下发或公布。

(2) 处理材料

根据工作需要与有关保密制度的规定，在会议结束后应对与其有关的一切图文、声像材料进行细致的收集、整理工作。收集、整理会议的材料时，应遵守规定与惯例，应该汇总的材料，一定要认真汇总；应该存档的材料，要一律归档；应该回收的材料，一定要如数收回；应该销毁的材料，则一定要仔细销毁。

(3) 协助返程

大型会议结束后，其主办单位一般应为外来的与会者提供一切返程的便利。若有必要，应主动为对方联络、提供交通工具，或是替对方订购、确认返程的机票、船票、车票。当团队与会者或与会的特殊人士离开本地时，还可安排专人为其送行，并帮助其托运行李。

（二）会场的排座

在会务工作中，摆放会议来宾的名签也是一项非常有讲究的工作。一般来讲，在面临会议的位次排列的时候，有三个问题要解决：第一个问题就是这个会议有没有必要排列位次，有的时候小型会议两三个人，那就没必要排位次了；第二就是这个会议是什么样的性质和形式，内外有别、中外有别，不同性质的、不同形式的、不同规模的会议，坐次排列讲究不一样；第三就是要注意会议的规范性位次排列、标准化做法。

一般来讲，我们所面对的政务会议、公务会议大体上是两种，第一种是小型会议，第二是大型会议。小型会议一般是指本系统的内部的会议，大型会议一般是讲的跨行业、跨部门、跨机关、跨地区的一种综合性的会议。下面分别作介绍。

1. 小型会议位次排列

关于小型会议位次排列，一般强调以下几点：第一，面门设座，小型会议一般讲究面门为上，就是主席台、主持人、发言人是面对会议室正门的，这一般人都知道；第二，居中设座，就是中央的位次高于两侧，所以有必要排列位次的时候，一般中间的位次高。第三，可以自由择座，小型会议自由择座的意思，实际上就是不排位次。

小型会议特别要强调就是面门为上，再者如果这个小型会议主持人不是一个人的话，还要注意强调左高右低，中外有别，中国人是讲左高的，这里讲的左和右是当事者自己之间的左和右，这是政务礼仪、位次排列的基本要求。

2. 大型会议位次排列

大型会议实际上涉及两个问题：第一，主席台上位次的排列；第二，与会者位次的排列。主席台位次的排列，实际上是三个点，第一主席团，就是台上所有人怎么排；第二主持人；第三发言人。

（1）主席台位次排列

主席台位次的排列，国内外的做法差不多。

首先是讲前排高于后排；其次中央高于两侧；第三可能中外有别，政务礼仪是按照左高右低，就是左侧的人的位置比右侧的人位置高。

接着是关于会议主持者的位置。一般会议主持者的位置有三个讲法：第一他是应该坐在头一排的，主席台头一排的；第二他可以坐在会议的第一排的居中的位置，是主席团的头一排的中间的位置；除此之外他还有一个位置可以坐，就是在头一排的任意位置，是按照他的级别和职务可以排列的位置。当然一般的情况下，重要的会议往往会请主持人居中座的，以示会议的隆重和对主持人的正规，因为会议的主持人实际上是会议的主席。

再者是发言人的位置。一般小型会议发言人可以在自己就座的位置上发言，或站或坐；但是重要的大型的会议，一般强调发言人要起立发言。它的标准位置有两个：第一就是第一排的居中的位置，当然有的时候这是主持人的位置，一般人不可能是去抢他的位置；第二按照我国的传统做法，就是主席团正前方居中的位置，发言席讲坛一般是在主席团前面的中间，当然目前随着国际交流的加速，我们有的时候也会参照国际会议的做法，国际会议的发言席实际上在主席团的右前方。

（2）与会者位次排列

参加会议的时候还有一个来宾的位置，就是群众席、听众席。群众席排列一般强调两个办法，第一个办法是所谓自由择座，第二个办法就是划片儿就座。划片就座一般是强调左高右低的，是按照部门的约定的排列顺序、或者是按照拉丁字母的顺序、或者是按照汉字笔画的顺序,从进门方向的左侧向右侧排,这是竖排;还有一个办法是横排,从前排向后排排。这两种办法一般是交替使用的,这是位次排列的基本要求。

(三) 会风的端正

1. 改进会风

反对形式主义;严格控制会议;禁止铺张浪费。

2. 提高效率

集中主题;改进形式;压缩内容;限定时间。

3. 严守会纪

(1) 遵守时间

其一,准时到会;其二,正点开会;其三,限时发言;其四,到点散会。

(2) 维持秩序

其一,各就各位;其二,保持安静;其三,遵守规定。

(3) 专心听讲

其一,一心一意;其二,支持他人。

根据已预习的知识,在课前撰写一份交流式自我介绍和一份礼仪式自我介绍。

任务导入

观看一则《商务迎送礼仪》视频,请大家根据预先学习的知识内容来挑出视频中做得很好的环节和做得还有不足的环节。

能力训练

1. 模拟实习：引导我校的上级领导参观我校校园。
2. 学校教学改革组需要组织一次教学改革活动师生座谈会，请根据会议礼仪的要求，做好本次座谈会的安排工作。

实例分析

案例1：小郑刚参加工作不久，公司举办了一次大型的产品发布会，邀请国内很多知名企业人士参加。小郑被安排在接待工作岗位上。接待当天，小郑早早来到机场，当等到来参加发布会的人时，他便开口说："你好！是来参加发布会的吗？你的单位及姓名，以便我们安排好就餐与住宿问题。"小郑有条不紊地做好了记录。后来在会场，小郑帮客人引路，小郑一直小心翼翼，虽然自己一向走路很快，但是他放慢步伐，很注意与客人的距离不能太远，一路带着客人，电梯上下，小郑也是走在前面，做好带路工作。原本心想很简单的事情，却几次被上司批评。

请根据你所学习的商务接待礼仪的知识，来分析小郑受上司批评的原因。

案例2：某外国公司总经理史密斯先生在得知与新星贸易公司的合作很顺利时，便决定携带夫人一同前来中方公司进一步的考察和观光，小李陪同新星贸易公司的张总经理前来迎接。在机场出口见面时，经介绍后张经理与外方经理及夫人握手问好。

请分析：

（1）小李如何做自我介绍；
（2）小李为他人做介绍的顺序；
（3）张经理握手顺序。

感悟与分享

评价标准

关键能力课程学生课堂表现评价表

项目	A 级	B 级	C 级	个人评价	同学评价	教师评价
考勤情况	在本课题学习过程中，全部能准时到堂上课	在本课题学习过程中，迟到、早退次数不超过 2 次	在本课题学习过程中，迟到、早退次数不超过 4 次或无故旷课不超过 1 次			
活动参与情况	每次都能积极参与本小组的学习活动，没有做与学习无关的事情	能参与本小组的学习活动，个别时候在学习活动中有开小差的情况	基本不参与本小组的学习活动，或者在学习活动中经常干与学习无关的事情			
课堂学习状态情况	学习注意力集中，能全面参与老师实施的教学活动及任务，积极举手发言，并有自己的见解	学习注意力较为集中，能基本参与老师实施的教学活动及任务，能举手发言，答题中有自己的思维较少	学习注意力不集中，很少参与老师实施的教学活动及任务，很少发言，不表达自己的观点			
合作学习情况	善于与人合作，虚心听取别人的意见	能与人合作，能接受别人的意见	缺乏与人合作的精神，难以听进别人的意见			
学习效果情况	能认真参与、完成课后延展活动，认真迅速地完成课后作业，作业质量高	能参与并完成课后延展活动，能完成课后作业，但完成时间慢或完成质量一般	不参与课后延展活动，不能完成作业			

我这样评价自己：

伙伴眼里的我：

老师的话：

关键能力课程学生学习效果评价表

评价方式	评价内容					
	评价项目	评价等级			
		A	B	C	D
自评	对本节课知识的兴趣	浓厚	较浓厚	一般	弱
	本节课独立思考的习惯	强	较强	中	弱
	自信心体验到学习成功的愉悦	多	较多	一般	少
	理解别人的思路，与同伴交流的意识	好	较好	一般	弱
	在知识、方法等方面获得收获的程度	高	较高	一般	低
同伴互评	本节课发言的次数	多	较多	一般	少
	本节课学习参与程度	好	较好	一般	差
	本节课课堂练习的正确性	高	较高	一般	低
师评	上课听讲的专心程度	专注	较好	一般	有时分心
	参与教学活动的程度	高	较高	一般	低
	课堂发言反映出的思维深度	强	较强	一般	弱
	课堂发现问题的角度	多	较多	一般	少
	课堂发现问题的能力	强	较强	一般	弱
评价说明	在评价等级下，相应的栏目只选一项，打"√"				

子课题三　个人职业形象礼仪

在现代企业管理实践中，职业形象的塑造事关我们在商务交往中的成败。随着社会经济的发展和市场竞争的加剧，企业更加重视员工职业形象的塑造以及职业道德、能力和修养方面的提升，职业形象礼仪已经作为许多企业培训课程的一个重要组成部分。

 **课前准备**

 **知识准备**

一、职业仪容礼仪

仪容，通常是指人的外观、外貌。其中的重点，则是指人的容貌。在人际交往中，每个人的仪容都会引起交往对象的特别关注，并将影响到对方对自己的整体评价。在个人的仪表问题之中，仪容是重点之中的重点。

1. 仪容美的含义

首先，是要求仪容自然美。它是指仪容的先天条件好，天生丽质。尽管以相貌取人不合情理，但先天美好的仪容相貌，无疑会令人赏心悦目、感觉愉快。

其次，是要求仪容修饰美。它是指依照规范与个人条件，对仪容施行必要的修饰，扬其长、避其短，设计、塑造出美好的个人形象，在人际交往中尽量令自己显得有备而来，自尊自爱。

最后，是要求仪容内在美。它是指通过努力学习，不断提高个人的文化、艺术素养和思想、道德水准，培养出自己高雅的气质与美好的心灵，使自己秀外慧中、表里如一。

真正意义上的仪容美，应当是上述三个方面的高度统一。忽略其中任何一个方面，都会使仪容美失之于偏颇。

在这三者之间，仪容的内在美是最高的境界，仪容的自然美是人们的心愿，而仪容的修饰美则是仪容礼仪关注的重点。

要做到仪容修饰美，自然要注意修饰仪容。修饰仪容的基本规则，是美观、整洁、卫生、得体。

2. 仪容美的基本要素

仪容美的基本要素是貌美、发美、肌肤美，主要要求整洁干净。美好的仪容一定能让人感觉到其五官构成彼此和谐并富于表情；发质发型使其英俊潇洒、容光焕发；肌肤健美使其充满生命的活力，给人以健康自然、鲜明和谐、富有个性的深刻印象。但每个人的仪容是天生的，长相如何不是至关重要的，关键是心灵的问题。从心理学上讲每一个人都应该接纳自己，接纳别人。

3. 仪容的修饰

为了维护自我形象，有必要修饰仪容。在仪容的修饰方面要注意五点事项：

（1）仪容要干净

要勤洗澡、勤洗脸，脖颈、手都应干干净净，并经常注意去除眼角、口角及鼻孔的分泌物。要换衣服，消除身体异味，有狐臭要搽药品或及早治疗。

（2）仪容应当整洁

整洁，即整齐洁净、清爽。要使仪容整洁，重在持之以恒。这一条，与自我形象的优劣关系极大。

（3）仪容应当卫生

讲究卫生，是公民的义务。注意口腔卫生，早晚刷牙，饭后漱口，不能当着客人面嚼口香糖；指甲要常剪，头发按时理，不得蓬头垢面，体味熏人，这是每个人都应当自觉做好的。

（4）仪容应当简约

仪容既要修饰，又忌讳标新立异、"一鸣惊人"，简练、朴素最好。

（5）仪容应当端庄

仪容庄重大方，斯文雅气，不仅会给人以美感，而且易于使自己赢得他人的信任。相形之下，将仪容修饰得花里胡哨、轻浮怪诞，是得不偿失的。

4. 仪表修饰的原则

生活中人们的仪表非常重要，它反映出一个人的精神状态和礼仪素养，是人们交往中的"第一形象"。天生丽质，风仪秀整的人毕竟是少数，然而我们却可以靠化妆修饰、发式造型、着装佩饰等手段，弥补和掩盖在容貌、形体等方面的不足，并在视觉上把自身较美的方面展露、衬托和强调出来，使形象得以美化。成功的仪表修饰一般应遵循以下的原则：

（1）适体性原则

要求仪表修饰与个体自身的性别、年龄、容貌、肤色、身材、体型、个性、气质及职业身份等相适宜和相协调。

（2）时间（time）、地点（place）、场合（occasion）原则

简称 T. P. O 原则，即要求仪表修饰因时间、地点、场合的变化而相应变化，使仪表与时间、环境氛围、特定场合相协调。

（3）整体性原则

要求仪表修饰先着眼于人的整体，再考虑各个局部的修饰，促成修饰与人自身的诸多因素之间协调一致，使之浑然一体，营造出整体风采。

（4）适度性原则

要求仪表修饰无论是修饰程度，还是在饰品数量和修饰技巧上，都应把握分寸，自然适度，追求虽刻意雕琢而又不露痕迹的效果。

二、职业仪态礼仪

（一）职业仪容仪表（男士）

1. 男士仪容仪表要求

（1）发型发式要求

干净整洁；不宜过长；前部头发不遮住自己的眉毛；侧部头发不盖住自己的耳朵；不能留过长、过厚的鬓角；后面的头发不超过衬衣领子的上部。

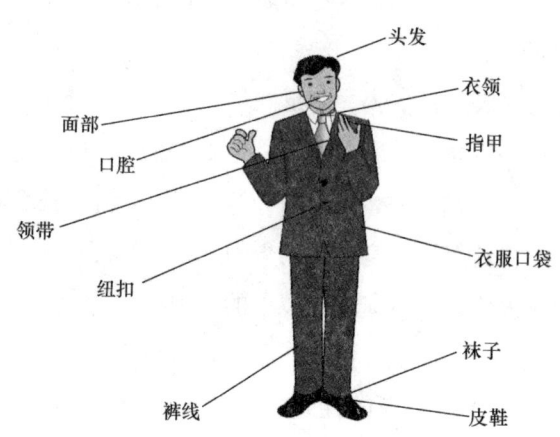

（2）面部修饰

剃须修面，保持清洁；商务活动中会接触烟、酒等有刺激性气味的物品，要保持口气清新。

（3）男士的着装原则——"三三原则"

三色原则：男士在正规场合穿西装时，全身的颜色（色系）不得多过三种；三一定律：即鞋子、腰带、公文包这三个地方的颜色应该一致。

（4）男士的着装原则——"三大禁忌"

穿西装时，左边袖子上的商标没有拆；在正规场合，男士有两种袜子不能穿——尼龙袜和白色袜子；有关领带的选择问题：质地、颜色、图案、搭配、领带夹。

（5）西装纽扣

一般站立时扣上西装的纽扣，坐下时要解开。西装扣子如果是两个，扣纽扣时只需扣上边一个（如果三个扣则只需扣中间的一个）。穿双排扣西装时，应把纽扣都扣上。

2. 男士领带打法图解

平结

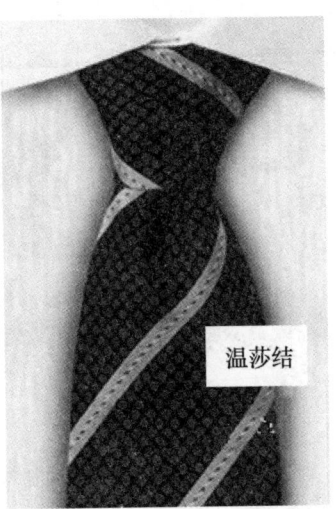

温莎结

交叉结

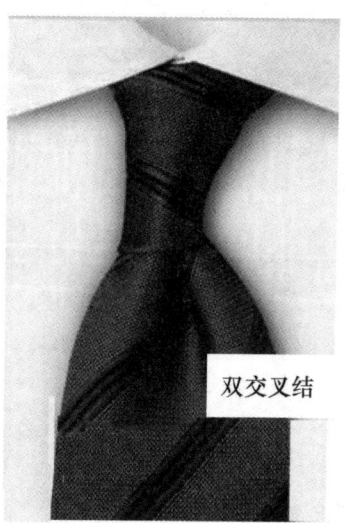

双交叉结

（二）职业形象女士着装

1. 女士仪容仪表要求

（1）发型发式

"女人看头"时尚得体，美观大方，符合身份；发卡式样庄重大方，以少为宜，避免出现远看像圣诞树、近看像杂货铺的情景。

（2）面部修饰

女士化妆是自尊自爱的表现，也是对别人的一种尊重，是企业管理完善的一个标志。

（3）要求化淡妆，保持清新自然

化妆注意事项：化妆要自然，力求妆成有却无；化妆要美化，不能化另类妆；化妆应避人。

（4）女士着装要求

着职业套装（裙装）：不穿黑色皮裙；不穿无领、无袖、领口较低或太紧身的衣服；正式高级场合不光腿；穿贴近肉色的袜子，不穿黑色或镂花的丝袜；袜子不可以有破损，应带备用袜子；袜子长度，避免出现三节腿。

（5）鞋子要求

不穿过高、过细的鞋跟；不穿前不露脚趾后露脚跟的凉鞋，穿正装凉鞋。

（6）佩戴饰品

原则符合身份，以少为宜；不戴展示财力的珠宝首饰；不戴展示性别魅力的饰品；同质同色；戒指的戴法；数量不超过两件。

（7）包的要求

男人看表，女人看包。包是女性行为的符号。

2. 女士细领带打法图解

巴黎结

将丝巾调整至适当位置

 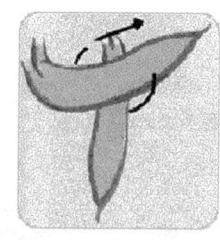 

重复对摺将方巾摺出领带型　　绕在颈上打个活结　　将上端遮盖住结眼

3. 职业场合着装

职业场合着装的"六不准"：不准过分杂乱；不准不按照常规着装；不准过分鲜艳，不准过分暴露；不准穿透视装；不准穿过分紧身的服装。

活动准备

根据已预习的知识，在课前请男女同学做好服装、丝巾和领带的准备。

任务导入

请各小组模拟一次应聘面试，在模拟的活动中，主要考核大家的职业仪表、仪容的装束。

能力训练

职业仪容仪表实训:实训同学分为5~7人一组,设A、B、C、D四组,A、B为一对,C、D为另一对;分别互相指导、检查对方的着装、领带、化妆、服饰等仪容仪表,并按规定要求评定。

地点:教学楼舞台。提前通知学生做好服装领带等准备工作。实训计划时长:练习90分钟,检查15分钟,点评15分钟。

 实例分析

办公室衣着礼仪案例

张小姐　26岁　杂志社记者

　　说起穿衣礼仪，有一段至今让我无法忘记的尴尬经历，从某种程度上来讲甚至是一种屈辱。记得我刚进杂志社不久，领导安排我去采访一位某民营企业的老总，女性。听说这是一位既能干又极有魅力的女性，对工作一丝不苟，对生活却是极其享受，最关键的是，即使再忙，她也不会忽视身边美好的东西，尤其对时尚非常敏感，对自己的衣着及其礼仪要求极高。这样的女性，会让很多人产生兴趣，还未见到她，仅仅是介绍，我已经开始崇拜她了，所以我非常高兴能由我来做这个专访。事先我做了大量的准备工作，采访纲要修改了多次，内心被莫名的激动驱使着。那几天，我始终处于兴奋状态。到了采访当天，穿什么衣服却让我犯愁。要面对这样一位重量级的人物，尤其是位时尚女性，当然不能太落伍了。

　　说实在的，我从来就不是个会打扮的女孩，因为工作和性格关系，平时穿衣都是怎么舒服、方便就怎么穿。时尚杂志倒也看，但也只是凑热闹而已。现在，还真不知道应该穿什么衣服才能让我在这样一位女性面前显得更时尚些。终于在杂志上看到女孩穿吊带装，那清纯可人的形象打动了我，于是迫不及待地开始模仿起来。那天采访，我穿了一件紧身小可爱，热裤（虽然我的腿看起来有点粗壮），梳了个在家乡极其流行的发髻，兴冲冲地直奔采访目的地。当我站在该公司前台说明自己的身份和来意时，我明显看到了前台小姐那不屑的眼神。我再三说明身份，并拿出工作证来，她才勉强地带我进了老总的办公室。

　　眼前的这位女性，高挑的身材，优雅的举止，得体的穿着，让我怎么看怎么舒服。虽然我不是很精通衣着，但在这样的场合，面对这样的对象，我突然感觉自己的穿着就像个小丑，来时的兴奋和自信全没了。还好，因为采访纲要准备还算充分，整个采访过程还比较顺利。结束前，我问她，日常生活中，她是如何理解和诠释时尚、品位和魅力的。她告诉我，女人的品位和魅力是来自

内心,没有内涵的女人,是散发不出个人魅力,也无法凸显品位的。而时尚不等同于名牌、昂贵和时髦,那是一种适合与得体。说完这话,她微笑地看着我。此时我的眼睛看到的只有眼前自己那两条粗壮的双腿,心里纳闷:这腿为什么会长得如此结实,做热裤的老板一定很赚钱,因为太省布料了……我感觉自己无法正视她,采访一结束,我逃似地奔离了她的办公室。

问题: 请认真阅读上篇(及 108 页案例)案例,根据你所学的知识,指出她在职业着装上存在的问题,并给她提出具体的合理化建议。

感悟与分享

评价标准

关键能力课程学生课堂表现评价表

项目	A级	B级	C级	个人评价	同学评价	教师评价
考勤情况	在本课题学习过程中，全部能准时到堂上课	在本课题学习过程中，迟到、早退次数不超过2次	在本课题学习过程中，迟到、早退次数不超过4次或无故旷课不超过1次			
活动参与情况	每次都能积极参与本小组的学习活动，没有做与学习无关的事情	能参与本小组的学习活动，个别时候在学习活动中有开小差的情况	基本不参与本小组的学习活动，或者在学习活动中经常干与学习无关的事情			
课堂学习状态情况	学习注意力集中，能全面参与老师实施的教学活动及任务，积极举手发言，并有自己的见解	学习注意力较为集中，能基本参与老师实施的教学活动及任务，能举手发言，答题中有自己的思维较少	学习注意力不集中，很少参与老师实施的教学活动及任务，很少发言，不表达自己的观点			
合作学习情况	善于与人合作，虚心听取别人的意见	能与人合作，能接受别人的意见	缺乏与人合作的精神，难以听进别人的意见			
学习效果情况	能认真参与、完成课后延展活动，认真迅速地完成课后作业，作业质量高	能参与并完成课后延展活动，能完成课后作业，但完成时间慢或完成质量一般	不参与课后延展活动，不能完成作业			

我这样评价自己：

伙伴眼里的我：

老师的话：

关键能力课程学生学习效果评价表

评价方式	评价内容					
	评价项目	评价等级			
		A	B	C	D
自评	对本节课知识的兴趣	浓厚	较浓厚	一般	弱
	本节课独立思考的习惯	强	较强	中	弱
	自信心体验到学习成功的愉悦	多	较多	一般	少
	理解别人的思路，与同伴交流的意识	好	较好	一般	弱
	在知识、方法等方面获得收获的程度	高	较高	一般	低
同伴互评	本节课发言的次数	多	较多	一般	少
	本节课学习参与程度	好	较好	一般	差
	本节课课堂练习的正确性	高	较高	一般	低
师评	上课听讲的专心程度	专注	较好	一般	有时分心
	参与教学活动的程度	高	较高	一般	低
	课堂发言反映出的思维深度	强	较强	一般	弱
	课堂发现问题的角度	多	较多	一般	少
	课堂发现问题的能力	强	较强	一般	弱
评价说明	在评价等级下，相应的栏目只选一项，打"√"				